ココミル cocomiru

新潟 佐渡

新潟タウン（P16）

海と山の恵みに満ちた
多彩な新潟と遊ぶ

新潟市水族館 マリンピア日本海（P46）

高田城址公園（P108）

新潟けやき通り 富來屋(P35)

こがね鮨「新潟すし三昧 極み」(P31)

ぽんしゅ館
新潟驛店(P42)

新潟タウン

都市と大自然が共存する
旨いものがあふれる港町
その魅力をギュッと紹介

沼垂テラス(P26)

ぽんしゅ館
魚沼釜蔵
(P46)

カミフル(P24)

みなとのマルシェ ピアBandai(P22)

佐渡
青い海に浮かぶリトル日本列島
グルメ・レジャー・歴史探訪の旅

尖閣湾揚島遊園(P59)

力屋観光汽船(P58)

長三郎鮨の上ブリ丼(P60)

ダイビングショップ&サービスフリーウェイ(P59)

佐渡産のサツマイモを使ったおけさぽてと(P65)

大野亀(P55)

北沢浮遊選鉱場跡(P57)

上越市立水族博物館 うみがたり(P96)

彌彦神社 拝殿(P72)

秋の美人林(P85)

上･中･下越

海と高原の上越、里山の中越
海沿いの下越、全部大好き！

燕三条製 二重タンブラー(P74)

左：名代生そば 由屋(P85)／
右：割烹 吉源 鮭フルコース(P95)

長岡まつり 大花火大会
復興祈願花火フェニックス(P102)

新潟ってどんなところ?

下越・中越・上越
全国で5番目に広い県

南北に長く、北側から新潟タウンを中心とした「下越」、田園地帯と高原リゾートの「中越」、海沿いの「上越」、そして「佐渡」と大きく4つのエリアに分類されます。日本海に面し長大な海岸線には大小64もの漁港や約60の海水浴場が点在する一方、内陸部は田園地帯や清々しい高原リゾートが広がり、4エリアいずれも冬は上質なパウダースノーのゲレンデがあるのが特徴です。

新潟市の中心部を流れる信濃川。萬代橋付近に新潟タウンの中心、万代シティ、古町・本町がある

日本三大花火の一つ「長岡まつり大花火大会」の開催は例年8月上旬

おすすめのシーズンは?

越後3大花火を鑑賞
夏の海・川・山に大輪あり

オールシーズンそれぞれのよさを感じられますが、夏の花火大会は格別です。7月は海の柏崎、8月は川の長岡、そして9月は山の片貝と続き、夜空を埋め尽くす美しい花火と轟音に日中の暑さと日常から開放されます。夏の一大イベントが終わると新米の季節がやってきます。ツヤツヤふっくらの新潟米が一層おいしくなってグルメ旅にも弾みがつきます。

新潟へ旅する前に知っておきたいこと

海鮮グルメやお米、地酒をはじめ、人情にあふれた新潟気質。日本海の恵みと高原リゾートの魅力がエリアごとに多彩な表情を見せてくれます。

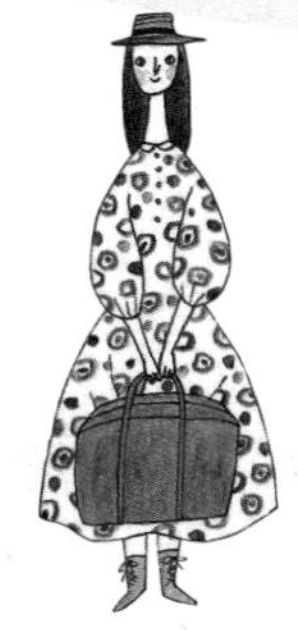

どうやって行く?

新幹線や自家用車で
飛行機や高速バスも快適!

関東方面からは上越新幹線や自家用車、関西方面からは飛行機。東北、中部・北陸方面からは高速バスが快適です。高速道路のアクセスもよく、関東方面は関越道、福島方面は磐越道、長野方面からは上信越道が接続しています。新潟空港から直行リムジンバスで新潟駅に25分で到着するので便利です。各エリアへはJRで気軽にアクセスできます。

上越新幹線で運行されているE7系

何泊くらいの旅がいいの?

新潟タウンは1日で
列車や車、船でもう1泊

市内には観光循環バスが走っていて観光名所やグルメを楽しみながら効率よく周遊できます。水揚げされたばかりの魚介がふんだんな寿司や海鮮丼、ソウルフード、日本一の蔵元数を誇る新潟の地酒めぐりなど、新潟タウンでお腹いっぱいの旅を。また列車やレンタカーで足を延ばして里山や高原リゾート、温泉街や風情あふれる城下町散策もできます。佐渡へは船の旅が味わえます。

国の重要文化財指定のパワースポット「彌彦神社」

新潟観光で訪れたいのは?

誰もが身近に現代アートを
舞台は里山と大自然

新潟タウンから足を延ばして訪れたいのが十日町・津南"越後妻有地域"です。2000年からスタートした大地の芸術祭の舞台で、3年に一度開催されるたび常設のアート作品が続々と増えて、現在は約200点が点在しています。里山は現代アートとのすばらしい調和を醸し出し、芸術を身近に、気軽に、感じることができる空間となっています。

清津峡渓谷トンネル
マ・ヤンソン／MADアーキテクツ
『Tunnel of Light』
(大地の芸術祭 越後妻有アートトリエンナーレ2018作品)
提供:(一社)十日町市観光協会

必見スポットはどこ？

蔵元数90は全国一 新潟の銘酒めぐりを

米作りに最適な土壌と澄んだ軟水と豊富な土地柄が、新潟の日本酒をおいしくしています。それぞれの酒蔵がこだわりをもって丹精込めて造る現場をのぞいてみることも。仕込みの現場を見学したり、酒蔵の歴史を楽しく学べたり、解説してもらえます。また、季節限定酒などの希少なお酒を試飲するチャンスも。酒どころ新潟ならではの楽しみです。

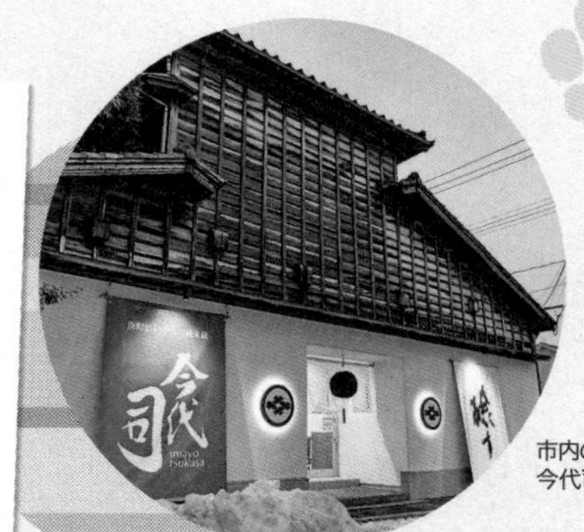

市内の老舗酒蔵
今代司酒造

酒蔵スタッフの
説明を聞きながら見学

テイスティングして
お気に入りに出合う

ぜひ味わいたいグルメは？

盛り付けが超贅沢！ 海鮮丼ワールドを堪能

その日に水揚げされた新鮮な魚介が、大きな丼や椀にたっぷりと盛られて登場。10種類前後の魚介がのるものもあれば、一つのネタに特化してこれでもか！というほど盛られているものも。赤身・白身・青魚・貝がたっぷりのった総重量が1.5kg強という海鮮丼もあります。もちろん、お米はツヤツヤのコシヒカリ。幸せ感あふれるひとときをどうぞ。

どれから食べるか
迷う多種盛り丼

ひと休みするのにおすすめは？

信濃川やすらぎ堤緑地で ゆったリラックスタイムを

新潟タウンの中心部を流れる日本一長い川・信濃川の両岸には、歩道とゆるやかな芝の斜面がそれぞれ整備されています。腰を下ろしたら時間の流れがふっとゆるやかに。夕方になると街灯のやわらかな明るさが絶妙にあたりを照らし、川辺にいつまでもいたくなるような気分にさせてくれます。

新潟駅から徒歩約20分
信濃川やすらぎ堤緑地

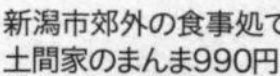

新潟市郊外の食事処で
土間家のまんま990円

上越市の林泉寺には上杉謙信公の墓所がある

新潟タウンと併せて もう1日観光するなら？

美食、アート、アクティビティ テーマ＆プランは多彩

新潟市内からのアクセスは良好、JRやレンタカー、バスを使って縦横無尽です。南魚沼・十日町では里山アートと絶品コシヒカリを堪能。鉄道とバスを使って開湯100年を超える歴史ある月岡温泉や城下町・村上へ。ノスタルジックな雰囲気を楽しめます。また、妙高高原・赤倉温泉・直江津には山々を一望できるアクティビティや日本一のペンギン数を誇る水族館もあります。

おみやげは何がいい？

定番みやげを押さえつつ 地域性に富んだモノも

新鮮な魚介や加工品、地酒など港町・新潟、日本酒王国ならではのおみやげはもちろん、スイーツや煎餅、B級グルメがレトルトになっているものなどバラエティ豊富です。また、金属加工で名高い職人のまち・燕三条のプロダクトを選んだり、地域に古くから伝わる調味料は、自宅に帰ってから味の記憶が旅の思い出として蘇ります。

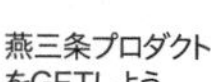

燕三条プロダクト
をGETしよう

上越・妙高に伝わる香辛調味料・かんずり

新潟・佐渡ってこんなところ

海沿い、高原リゾート、城下町、島。グルメも自然も多彩な表情をみせる新潟・佐渡を紹介します。

新潟の観光地は4つのエリアに分かれます

新潟タウンを中心とした下越、田園地帯と里山の中越、海沿いと高原エリアを併せもつ上越、そして佐渡が4大観光エリア。佐渡はフェリーなら車も一緒に乗船できます。

観光の拠点は新潟駅、空港、新潟港

JR新潟駅へは関東方面から上越新幹線、北陸方面から越後線、福島から磐越西線、山形から羽越本線が乗り入れています。市内はアートなラッピングの観光循環バスが走行し観光地へ効率よく到着できます。高速道路網が充実しているので中越、上越への旅もスムーズです。空港からは25分というアクセスと、佐渡への航路も1日最大5便と便利です。

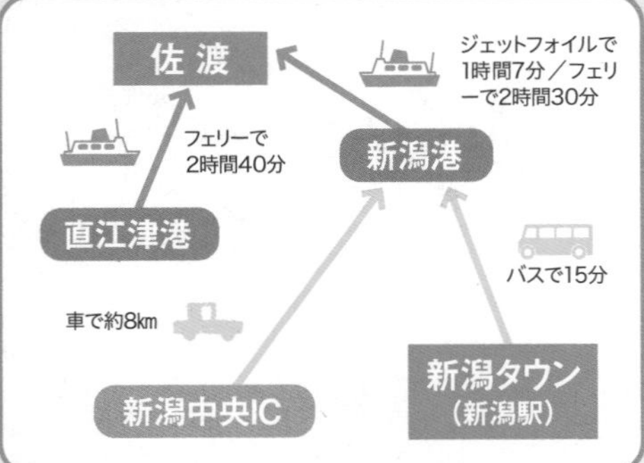

▲萬代橋を一望できる休憩スポット・信濃川やすらぎ堤緑地

にいがたたうん

新潟タウン

1

・・・P16

信濃川の河口流域に広がる日本海沿いの古い港町。街のシンボルの萬代橋が信濃川に架かり、かつての花街風情が残る古町の街並みなどみどころが豊富。ショッピングやグルメスポットも充実。

◀地ネタを味わうなら「極み」の寿司がおすすめ

▶県産のコシヒカリはおにぎりで味わおう

ココにも行ってみたい

じょうえつ・みょうこうこうげん

上越・妙高高原

・・・P96

妙高高原は県内有数の高原リゾート。上越は上杉謙信ゆかりの地。「上越市立水族博物館うみがたり」も人気。

えちごゆざわ・うおぬま・とおかまち

越後湯沢・魚沼・十日町

・・・P84

魚沼産コシヒカリで有名なエリア。冬の越後湯沢は温泉スノーリゾートとして賑わう。

さど
佐渡　2

・・・P51

佐渡は食材の宝庫として知られる島。佐渡沖の海鮮はもちろん、コシヒカリ、フルーツ、希少な佐渡牛まで多彩。島内の景勝地や史跡などを巡りながらグルメ旅を楽しもう。また温泉地もあり、個性派湯宿にも事欠かない。

▶佐渡沖は暖流と寒流がぶつかる好漁場。新鮮な魚介を佐渡で堪能しよう

◀佐渡のシンボル「トキ」が拝めるトキの森公園（☞P55）

▲フォトジェニックな光景が人気の北沢浮遊選鉱場跡

日本海
酒田へ
村上周辺
村上
村上瀬波温泉IC
荒川胎内IC
中条IC
羽越本線
米坂線
佐渡 2
佐渡空港
新潟タウン 1
日本海東北自動車道
新潟空港
新潟
白新線
山形県
新潟中央IC
阿賀野川周辺・月岡温泉・新発田
磐越自動車道
磐越西線
津川IC
三条燕IC
燕三条
燕三条・弥彦・岩室温泉・寺泊
長岡IC
長岡・柏崎
越後線
長岡
柏崎
北陸自動車道
福島県
只見線
直江津
飯山線
北越急行ほくほく線
関越自動車道
上越IC
上越新幹線
新幹線
えちごトキめき鉄道妙高はねうまライン
上越妙高
越後湯沢・魚沼・十日町
上信越自動車道
湯沢IC
越後湯沢
上越・妙高高原
上越線
群馬県
栃木県
東京へ
0　20km

ながおか・かしわざき
長岡・柏崎・・・P102

長岡は古くから酒造りが盛んであり、夏の大花火大会が有名だ。郊外には廃校をリノベした複合施設も。江戸時代の宿場町・柏崎は鯛茶漬けが名物。

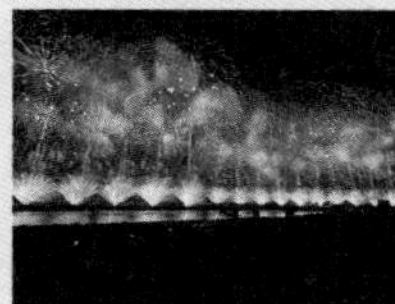

つばめさんじょう・やひこ・いわむろおんせん・てらどまり
燕三条・弥彦・岩室温泉・寺泊

・・・P72

日本一の「金物の街」燕三条、人気パワースポットの彌彦神社と、多彩な魅力が集まる。

あがのがわしゅうへん・つきおかおんせん・しばた
阿賀野川周辺・月岡温泉・新発田

・・・P92

阿賀野川流域に温泉地が点在。雄大な景色が広がる「阿賀野川ライン舟下り」も楽しめる。

むらかみしゅうへん
村上周辺・・・P94

城下町時代の繁栄を伝える町屋がたたずむ通りは風情満点。村上牛や鮭などの地元グルメ、夕日のきれいな瀬波温泉なども魅力。

1日目

出発！

10:00 新潟駅

旅の玄関口・JR新潟駅からスタート。観光循環バスの発着は万代口です。

10:15 今代司酒造

新潟の銘酒を生み出す酒造りの現場をのぞいてみましょう(☞P42)。

12:05 千代鮨 本店

そろそろお腹も空いてきたころ。新鮮な魚介類を堪能しましょう(☞P30)。

13:00 カミフル

ランチ後はカミフルでお買い物。話題のショップも要チェック！(☞P24)

おいしい

喉が乾いたら、糀ドリンクで潤しましょう。テイクアウトも可能です(☞P24)。

14:30 新潟市水族館 マリンピア日本海

少し足を延ばして日本海付近まで。迫力のあるイルカのジャンプは必見です(☞P46)。

16:30 みかづき 万代店

ちょっと変わった焼きそばを食べてみませんか(☞P38)。

17:15 Befcoばかうけ 展望室

日本海に沈む夕日や新潟タウン一面を見渡しましょう(☞P20)

18:10 旬魚酒菜 五郎 万代店

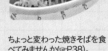

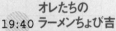

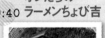

夜は新潟の食材をおいしくいただきます！地酒も揃えてあり飲み過ぎ注意(☞P41)。

19:40 オレたちの ラーメンちょび吉

〆はラーメンで。しょうがのインパクトがクセになる！思い出の一杯はここで決まり(☞P36)。

2日目

7:55

わくわくする

早朝からジェットフォイルで、佐渡まで一気に渡りましょう！

10:00 尖閣湾 揚島遊園

2日目のスタートは奇岩怪石が続く「天下の絶景」を鑑賞しましょう(☞P59)。

2泊3日で とっておきの新潟の旅

美食どころのウマいもんが豊富に揃う新潟。海、川、山、高原、里、街そして島。どれも新潟の自然に育まれ極上の旅を楽しめます。新潟タウンをくまなく訪ねたら、佐渡への船旅。海の上は非日常の空気感に包まれる幸せな時間です。

11:00 **北沢浮遊選鉱場跡**

アニメの背景画を彷彿とさせます(☞P57)。

11:30 **北沢Terrace**

選鉱場前のカフェでゆったりランチタイム(☞P57)

12:20 **史跡 佐渡金山**

約400年の歴史が眠る金山を探検しましょう(☞P56)。

楽しい

13:55 **力屋観光汽船**

伝統のたらい舟に揺られて海上散歩。途中からは自分で運転してみよう(☞P58)。

食べましょ

15:25 **長三郎鮨**

佐渡観光も終盤。ピチピチのとれたてブリを味わいましょう(☞P60)。

16:15 **トキの森公園**

国の特別記念物「トキ」はここで見られる。本土に戻り、月岡温泉で宿泊しましょう(☞P55)。

3日目

10:00 **月岡温泉街**

「美人の湯」に浸かりまったり。温泉街をブラブラと散策しましょう(☞P90)。

12:00 **村上町屋歩き**

江戸時代の町屋めぐりと郷土グルメを堪能しましょう(☞P94)。

すごい！

逆さまに吊るされた鮭の大きさに驚き。頭を下に吊るすのは村上だけです(☞P94)。

15:00 **阿賀野川ライン舟下り**

イギリス人旅行家イザベラ・バードに「ライン川より美しい」と称賛されました(☞P92)。

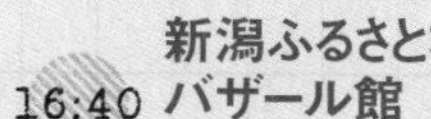

16:40 **新潟ふるさと村バザール館**

施設の大きさに圧倒されます。おみやげの買い忘れにお気をつけて(☞P47)。

到着ー！

18:00 **新潟駅**

2白3日の旅もあっという間。新潟を存分に楽しめました。そろそろ帰りましょう。

せっかく遠くへ来たんですもの

4日目はひと足延ばしてみませんか？

上越・妙高高原にはドライブがおすすめ

景勝地や癒やしの高原リゾートが広がる場所は、四季を通して楽しめます。標高2500m超えの山を間近に見たり、山の中腹へスカイケーブルで行くことも。車での旅は自由な時間。落差55mの「苗名滝」は駐車場完備。

越後湯沢・魚沼には新幹線と鉄道が便利

上越新幹線で越後湯沢駅下車。駅構内には新潟グルメや地酒が揃い、温泉もあります。魚沼産コシヒカリの産地へはJR上越線で。同線・北越急行に乗れば大地の芸術祭の拠点施設「越後妻有里山現代美術館 MonET」です。

ココミル
cocomiru

新潟・佐渡

Contents

●表紙写真
hickory03travelers (P44)、大野亀に咲くトビシマカンゾウ (P55)、おさかな亭 白根店の海鮮丼 (P33)、長岡まつり 大花火大会の「故郷はひとつ」(P102)、今代司酒造の「錦鯉」(P42)、玉川酒造の「イットキー」(P43)、越後松代棚田群 星峠の棚田 (P84)、えちごトキめきリゾート雪月花 (P50)、清津峡渓谷トンネル (P82)、大観荘 せなみの湯(P101)

旅のプロローグ

街歩き、グルメ、お買い物 新潟タウンを観光しましょう …16

金銀山400年の歴史と豊かな自然に囲まれた島、佐渡へ …51

温泉、ドライブ、アート、自然…上・中・下越の楽しみ方は多彩です …69

トラベルインフォメーション

〈マーク〉

- 観光みどころ・寺社
- プレイスポット
- レストラン・食事処
- カフェ・甘味処
- 居酒屋・BAR
- みやげ店・ショップ
- 宿泊施設
- 立ち寄り湯・スパ

〈DATAマーク〉

- ☎ 電話番号
- 住 住所
- ¥ 料金
- 開館・営業時間
- 休 休み
- 交 交通
- P 駐車場
- 室 室数
- MAP 地図位置

萬代橋（☞P21）から信濃川を眺める

ピアBandai（☞P22）でお買い物

旧齋藤家別邸（☞P25）の名庭園で回遊

しろね大凧と歴史の館（☞P47）で凧作り体験

カウンターで超一級のお寿司を堪能（☞P30）

かまどで炊いたご飯は絶品！（☞P28）

いかの墨（☞P41）で透明なイカに感動

唎酒番所（☞P42）で日本酒を飲み比べ

街歩き、グルメ、お買い物
新潟タウンを観光しましょう

アップダウンの少ない市内探訪は自転車でスイ〜。
ウォーターシャトルに乗って信濃川から街を眺めるのも素敵。
行列必至の回転寿司店、特盛の海鮮丼、コシヒカリに地酒！
ゆったりとした時間が過ごせる「みなとまち新潟」に惹かれます。

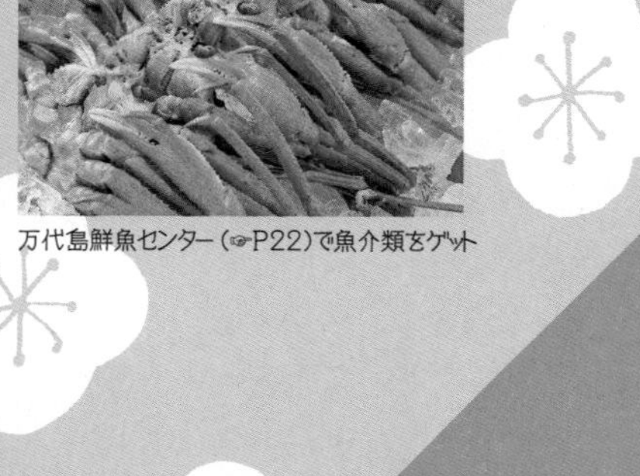
万代島鮮魚センター（☞P22）で魚介類をゲット

列車の中から山や田園風景を眺める（☞P50）

これしよう！

絶品寿司「極み」を食べましょう

日本海産の南蛮エビで作られる特別な魚醤で寿司を味わおう（☞P30）

これしよう！

新潟の「おいしい」が集まる複合施設へ

ピアBandaiは新潟市民の台所。鮮魚をはじめ食ならallおまかせ（☞P22）

これしよう！

街なかの名所をサイクリング

アップダウンが少ないのでスイスイ、定番スポットや話題のショップへ（☞P20）

新潟タウンはココにあります！

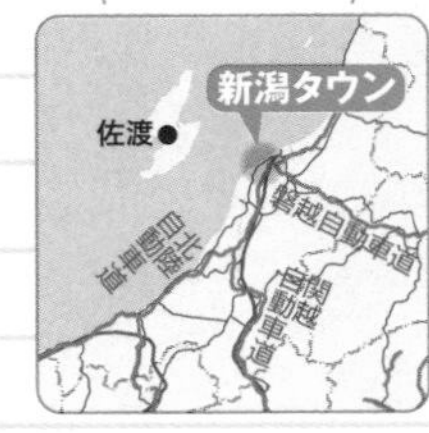

絶品グルメが集まる新潟の中心エリア

新潟タウン

にいがたたうん

「KINO組子コースター」ぽんしゅ館 クラフトマンシップで手に入る（☞P44）

こんなところ

日本海と信濃川の間に広がり古くから港町として栄えてきた新潟タウン。高層ビルが立つ新潟駅周辺や、商業ビルが集まるショッピングゾーンの万代シティ。江戸時代は花街で今も情緒ある小路が残る古町・本町、海沿いに水族館と広大な公園がある西海岸。注目の4エリアには発見がいっぱいあります。

access

●新潟市観光循環バス
新潟駅から万代シティまで4分。そこから本町まで2分。本町から西海岸の水族館前まで15分。水族館前から古町花街までは8分。起点の新潟駅までは24分。主要な観光施設を一周約1時間で結んでいます。

問合せ
☎025-246-6333
（新潟交通バスセンター案内所）

～新潟タウン　はやわかりMAP～

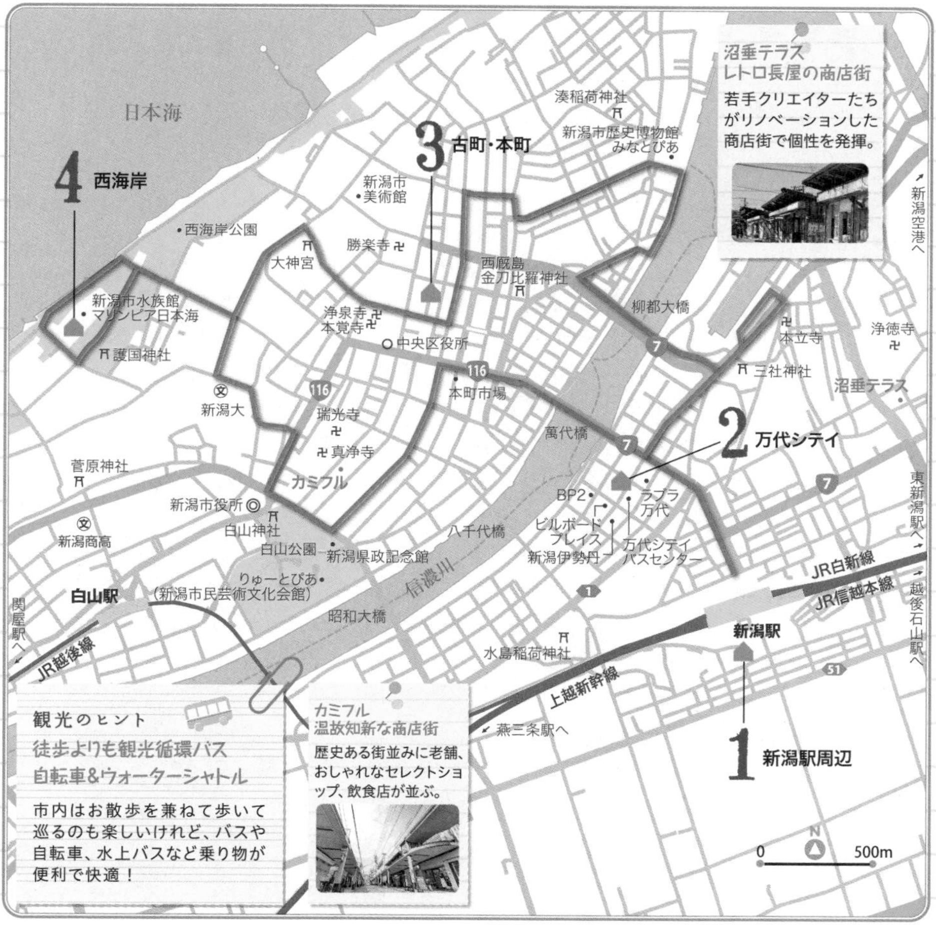

日本海

4 西海岸

3 古町・本町

2 万代シティ

1 新潟駅周辺

凑稲荷神社
新潟市歴史博物館 みなとぴあ
新潟市美術館
西海岸公園
勝楽寺
大神宮
西厩島 金刀比羅神社
新潟市水族館 マリンピア日本海
護国神社
浄泉寺
本覚寺
中央区役所
柳都大橋
本立寺
浄徳寺
三社神社
沼垂テラス
新潟大
本町市場
瑞光寺
萬代橋
真浄寺
菅原神社
カミフル
新潟市役所
白山神社
新潟商高
白山公園
新潟県政記念館
八千代橋
BP2
ラブラ万代
ビルボードプレイス
新潟伊勢丹
万代シティバスセンター
東新潟駅へ
JR白新線
JR信越本線
りゅーとぴあ（新潟市民芸術文化会館）
白山駅
信濃川
関屋駅へ
昭和大橋
新潟駅
越後石山駅へ
JR越後線
水島稲荷神社
上越新幹線
燕三条駅へ
新潟空港へ
0　500m

沼垂テラス レトロ長屋の商店街

若手クリエイターたちがリノベーションした商店街で個性を発揮。

観光のヒント

徒歩よりも観光循環バス 自転車&ウォーターシャトル

市内はお散歩を兼ねて歩いて巡るのも楽しいけれど、バスや自転車、水上バスなど乗り物が便利で快適！

カミフル 温故知新な商店街

歴史ある街並みに老舗、おしゃれなセレクトショップ、飲食店が並ぶ。

注目エリアはコチラです

1 新潟駅周辺（にいがたえきしゅうへん）

JR新潟駅には、地酒の飲み比べができると話題のぽんしゅ館をはじめ、人気のグルメスポットやみやげ物店が集結している。

2 万代シティ（ばんだいしてい）

萬代橋東側に広がるエリアで、商業ビルやショッピングビルが多い。新潟伊勢丹やラブラ万代といった人気施設が立ち並ぶ。

3 古町・本町（ふるまち・ほんちょう）

江戸時代に花街として発展した市内きっての繁華街。現在は歴史ある建物が料亭などに利用され、風情ある街並みが広がる。

4 西海岸（にしかいがん）

新潟市水族館マリンピア日本海を中心に、緑豊かな公園が広がる開放的なエリア。西海岸公園は、地元でも人気の夕日スポット。

アップダウンが少ない新潟タウン 定番スポットを自転車で巡りましょう

新潟タウンは自転車で巡るのがおすすめです。話題のあの場所やひと休みできる人気のカフェで、テイクアウトのおやつを買ったら、海岸エリアまで行ってみましょう。

にいがたレンタサイクル

JR新潟駅前をはじめ、市内20カ所以上でレンタルできる。初回は身分証明書を提示しての貸し出し手続きが必要。ほかに、ドコモ・シェアバイク（料30分165円）を約30カ所のポートで利用できる。☎なし ¥1回6時間まで500円、以降1時間100円 ⏰9時30分〜19時(ドコモ・シェアバイクは24時間貸出可能) 休無休 MAP折込表I4

JR新潟駅最寄りの貸し出し所「石宮公園地下自転車駐車場」。レンガを模した外観が目印

信濃川沿いの散策コース。日本海から流れる風を感じてみよう

START! 石宮公園地下自転車駐車場

※サイクリングの際は、乗車用ヘルメットを持参・着用しましょう

自転車で7分

みなとのまるしぇ ぴあばんだい

1 みなとのマルシェ ピアBandai

11:00

日本海側最大級のマーケット

近海で水揚げされた新鮮な海の幸などが集まる、漁港隣接の市場。近年はおしゃれなカフェなどが続々と出店している。敷地最奥のピアテラスの川沿いテラス席も快適。

DATA☞P22

通り道では人気のモニュメント「What's NIIGATA」に出合える

自転車で7分

自転車で5分

べふこばかうけてんぼうしつ

2 Befcoばかうけ展望室

12:25

日本海側随一の高さ

地上125m、31階に位置する無料のパノラマ展望室。日本海や佐渡、新潟市街を見わたせる。ラウンジでは軽食などを販売しているほか、新潟のおみやげも多数取り揃えている。

☎025-240-1511 住新潟市中央区万代島5-1 ¥入場無料 ⏰8時〜最終入場21時30分（イベント開催時は変更有）休無休 交バス停朱鷺メッセからすぐ P万代島駐車場利用1800台(1時間無料、以降30分100円) MAP折込表I2

夜はライトアップされた萬代橋などが見られる

新潟タウンを眼下に一望できる

信濃川の河面から街を見るのもおすすめ

信濃川ウォーターシャトルに乗り、日本一長い信濃川を水上散歩。定期航路はシャトル便（乗船1回500円～）と周遊便（1400円～）がある（平日は予約便のみの運航）。自転車積載可。☎025-227-5200

13:05

六連アーチ橋

ばんだいばし
③ 萬代橋

美しい連続アーチが特徴的

信濃川に架かる新潟タウンのシンボル的アーチ橋。国の重要文化財。

☎025-244-2159（新潟国道事務所）住新潟市中央区万代～下大川前通・川端町 ¥営休散策自由 交バス停万代シテイセンター前からすぐ Pなし MAP折込表H2

自転車で10分

かふぇ だんでらいおんのおやつこうぼう
④ cafe dandelionのおやつ工房

13:15

街巡りのおともに手作りスイーツ

趣向を凝らしたスイーツが並ぶテイクアウトスイーツ専門店。常時約30種類ほど並ぶ商品はすべて手作り。土・日曜、祝日のみ販売される商品もあるので要チェックを。

☎025-225-9222 住新潟市中央区古町通3-655 営11時30分～18時 休木曜、ほか不定休あり 交バス停白山公園前から徒歩5分 Pなし MAP折込表F3

❶特製なめらかプリンプレーン330円。豆乳をベースとしたやさしい甘みはファンも多い ❷ティラミスクレープ330円。ほろ苦さがアクセントのティラミスをクレープ生地で包んでいる

自転車で15分

ひよりやまてんぼうだい
⑤ 日和山展望台

13:45

夏場の人気スポット

西海岸公園の一角に立つ高さ約9mの展望台。美しい海岸線はもちろん、日本海上に浮かぶ佐渡、遠く新潟市街まで一望できる。

☎025-223-7403（新潟市中央区役所建設課）住新潟市中央区二葉町3 ¥営休見学自由 交JR新潟駅から車で15分 P30台 MAP折込表B1

螺旋状に階段が設けられた白亜の展望台

自転車で20分

ぱんとかふぇ しえーる ど えぬえすてい
⑥ パンとカフェ シエール de NST

14:25

スープセットはランチにおすすめ

小麦粉やバター、塩など素材にこだわるベーカリーカフェ。パンにスープが付くスープセットが人気。店内から信濃川を眺められる。

☎025-246-6558 住新潟市中央区八千代2-3-1 NST2階 営10時～15時30分LO 休日・月曜 交バス停万代シテイから徒歩8分 PNST万代八千代駐車場利用216台（割引サービスあり） MAP折込表H3

自家製パンのスープセット1100円

自転車で5分

日本海
⑤日和山展望台
Befcoばかうけ展望室②
万代島
みなとのマルシェ ピアBandai①
cafe dandelionのおやつ工房④
③萬代橋
パンとカフェ シエール⑥ de NST
西海岸公園
新潟市役所
白山駅
白山公園
にいがたレンタサイクル
石宮公園地下自転車駐車場
関屋駅へ
新潟駅
JR白新線
東新潟駅へ
JR越後線
JR信越本線
上越新幹線
越後石山駅へ
信濃川
燕三条駅へ
Start & Goal
500M

GOAL! 石宮公園地下自転車駐車場

貸し出しと返却場所は異なってもOK。外国製の自転車をレンタル（料金別途）できる場所もあります。

ピアBandaiでショッピング&グルメ 地元産の極上食材に舌鼓

新潟駅からバスで10分の食のエンターテインメントプレイス。鮮魚、肉、野菜、地酒やスイーツなど新潟のおいしいものが揃います。屋外のテラスではBBQも楽しめます。

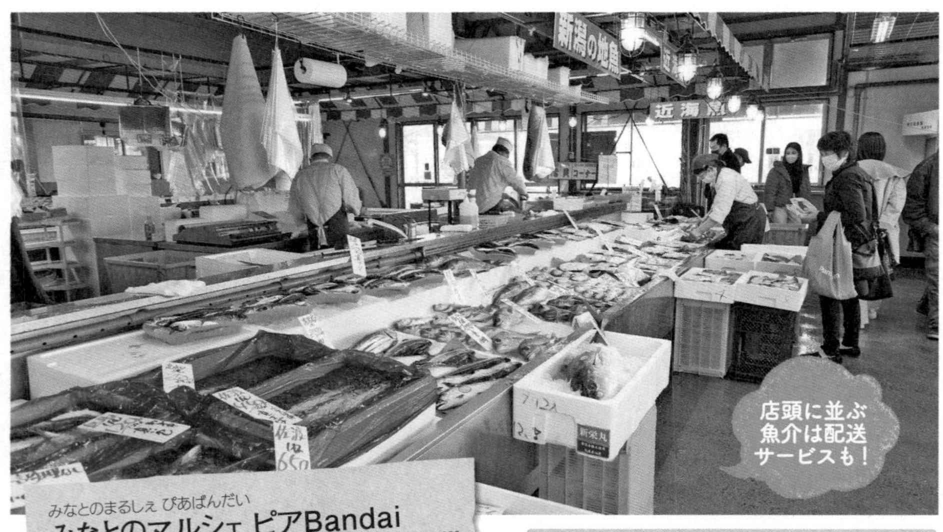

新潟の地魚
近海魚
店頭に並ぶ魚介は配送サービスも！

みなとのマルシェ ピアBandai

みなとのまるしぇ ぴあばんだい

日本海側最大級！新潟市民の台所

買い物や食事はもちろん、気軽に立ち寄れるカフェやスイーツショップもあり、常に賑わいのある場所。

☎025-249-2560 住新潟市中央区万代島2 交バス停ピアBandaiからすぐ 時休店舗により異なる P141台 MAP折込表I2

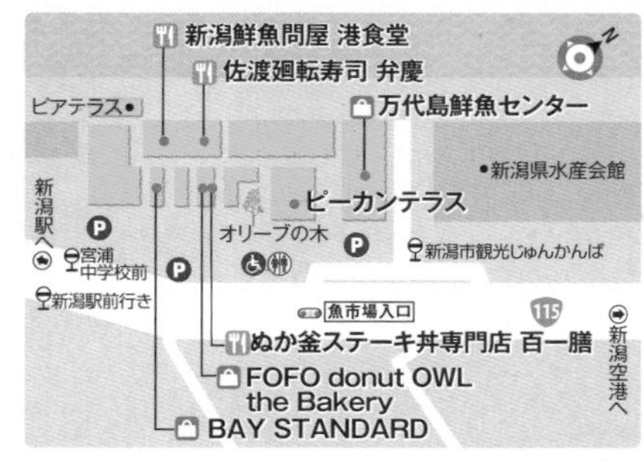

魚介・加工品

ばんだいじませんぎょせんたー

万代島鮮魚センター

近海鮮魚の宝庫！

新潟港で水揚げされたばかりの魚介類を、リーズナブルな市場価格で手に入れることができる鮮魚店。干物などの加工品やみやげを販売するコーナーもある。

☎025-256-8555 時9～19時(1月は～18時) 休無休 MAP折込表I2

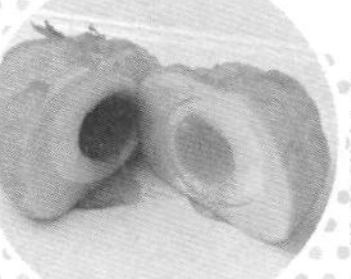

煮玉子しんじょう389円。竹徳かまぼこ特製半熟感が絶妙な味わい

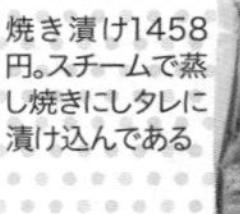

焼き漬け1458円。スチームで蒸し焼きにしタレに漬け込んである

万代島鮮魚センター名物ゆでカニが並ぶ

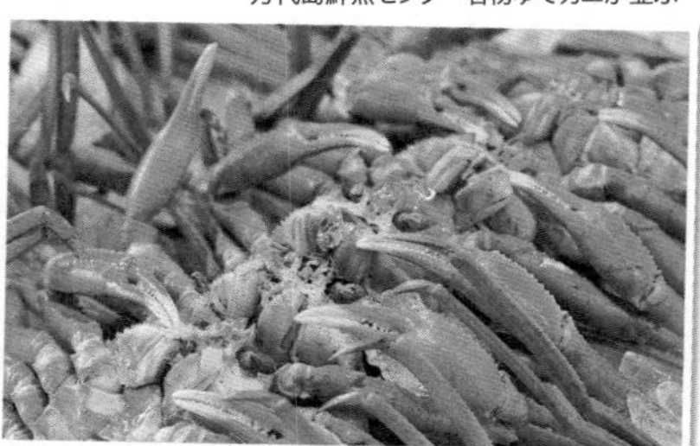

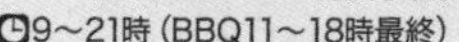

手ぶらで楽しむピーカンBBQ

4〜10月の期間、ピーカンテラスではBBQが楽しめます。手ぶらで訪れてマルシェで購入したものを焼いて楽しむほか、食材つきコースも。要予約。
🕒9〜21時（BBQ11〜18時最終）

ステーキ丼

ぬかがますてーきどんせんもんてん ひゃくいちぜん
ぬか釜ステーキ丼専門店 百一膳

肉に負けないぬか釜米の味わい

米のもみがらを燃料に、ぬか釜で手間暇をかけて炊き上げた米は、艶やかで絶品。そんなこだわりの米と肉、素揚げした白髪ネギがアクセントになったステーキ丼は、老若男女問わずファン急増中の一品。テイクアウトもできる。

☎025-250-0760 🕒10時45分〜19時 休火曜 MAP折込表I2

カウンターのみ8席の店内

ステーキ丼並盛り1300円〜。アクセントはわさびと香ばし揚げネギのトッピング

回転寿司

さどかいてんずし べんけい
佐渡廻転寿司 弁慶

佐渡産の魚は絶品!

佐渡産の地魚を中心に、朝どれの新鮮ネタを提供する回転寿司店。佐渡産コシヒカリを使用するシャリとの相性は抜群だ。

☎025-255-6000 🕒10時30分〜21時 休水曜（祝日の場合は翌日） MAP折込表I2

身が引き締まった佐渡産のアジ154円

大ぶりの本マグロ大トロ572円

海鮮丼・刺身

にいがたせんぎょどんや みなとしょくどう
新潟鮮魚問屋 港食堂

万代島鮮魚センター直営

新潟の漁港から水揚げされた鮮魚が丼や刺身で提供される。入荷時に限るが1日数量限定の中落ち定食500円は大人気。夕方からはお酒を楽しみにした来客で賑わう。

☎025-248-8655 🕒11〜15時、17〜21時（土・日曜、祝日は11〜21時） 休無休 MAP折込表I2

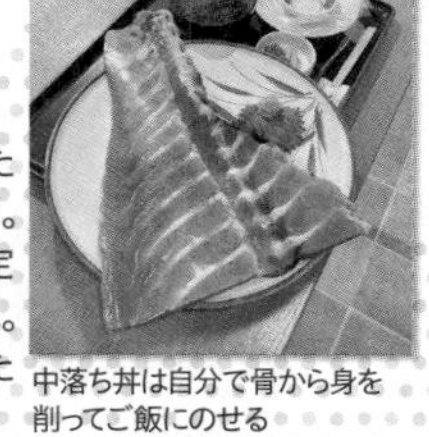

中落ち丼は自分で骨から身を削ってご飯にのせる

カキ（7〜8個）のがんがん焼き1830円

鮮魚のメニューをはじめ一品料理も充実

ドーナツ

ふぉふぉ どーなつ おうる ざ べーかりー
FOFO donut OWL the Bakery

新潟にドーナツブーム到来

市内人気ベーカリーの新スタイルとして2022年に開業。店名のFOFOは"ふかふか"の意で、素材と生地にこだわったドーナツが常時30種類以上と、焼きたてパンがぎっしり並ぶ。

☎025-250-1488 🕒9〜19時 休火曜（祝日の場合は翌日） MAP折込表I2

シックな木の色合いが素敵

オレオドーナツ350円。食べごたえあり

看板メニューのFOFOドーナツ220円

ドーナツと相性バツグンな本格的なコーヒーも「BAY STANDARD」でテイクアウト（250円〜）できます。🕒10時〜18時30分

レトロとおしゃれが調和する古町をお散歩しましょう

信濃川の北側に広がる古町は、新潟タウンのなかでも古くから栄えてきた場所です。古い建物が残る風情ある地域や、若者が集まる商店街など老若男女が楽しめます。

みずきあん かなまきや
美豆伎庵 金巻屋

創業150余年の和菓子店

歳時記に合わせた和菓子が並ぶ店内。練り切りは茶席に評判で近隣の茶道の先生御用達でもある。そのなかで根強い人気が"カミフルぽっぽ"。ほんわりとした生地にサツマイモときなこのやさしい甘さがよくなじむ。

☎025-222-0202 住新潟市中央区古町通3-650 ⏰9時～17時30分 休月曜 交バス停白山公園前から徒歩5分 Pなし MAP折込表F3

▶カミフルぽっぽ各140円。きなこ（左）とさつまいも（右）はロングセラー商品の一つ

▼明治4年（1871）創業の老舗和菓子店

▶大人カジュアルなアイテムが揃う店。本やアクセサリーも並ぶ

ふらぐらん
Flagran

日常のワンポイントアイテムを探しに

ファッションアイテムを中心に、雑貨やクリエイターズアイテムなどハイセンスなアイテムでライフスタイルを提案。多彩なジャンルの商品を揃え、新しい発見ができるショップ。

☎025-211-2244 住新潟市中央区古町通4-647 ⏰11～18時 休木曜 交バス停白山公園前から徒歩5分 Pなし MAP折込表F3

◀ガラスポニー各2750円。地元デザイナー手作りのアクセサリー

北方
新潟県知事
P.45 百花園 本店
100m
新津記念館
東中通り
市役所前
美豆伎庵 金巻屋
cafe dandelionのおやつ工房 P.21
新潟地方裁判所
西堀前通
古町糀製造所 古町本店
上古町商店街
白山公園
白山公園前
P.29 むすびや百

ふるまちこうじせいぞうしょ ふるまちほんてん
古町糀製造所 古町本店

日本初の糀ドリンク専門店

モダンな店舗デザインは銀座でおむすび店を営んでいた夫妻のアイデア。古町で米糀を使うオリジナルドリンクの店を開業。しょうが汁を入れた神社エール500㎖1080円など常時20種類以上揃える。

☎025-228-6570 住新潟市中央区古町通2-533 ⏰10～17時 休火曜 交バス停白山公園前から徒歩3分 Pなし MAP折込表F3

▲糀ドリンク各350円～。ほのかな甘みとさらりとしたのど越しがクセになると評判

▼ドリンクはテイクアウト可。夏場は特製かき氷も登場

かみふる
カミフル

白山神社の参道「古町通」。神社側から1番町から13番町までつながっていて、その上（かみ）の1番町から4番町が上古町商店街、愛称"カミフル"。500mの商店街に約80の店舗がある。

新潟のかわいい伝統菓子を手に入れよう

コンペイ糖のような見た目の伝統菓子「浮き星」が人気。あられを糖蜜でコーティングしたものなので、甘さ控えめほっとする味わい。カミフルの「上古町の百年長屋SAN」で好きな味を選んで詰め放題ができる。
☎025-378-0593 MAP折込表F3

にしおおはた 西大畑

近代になってから発展した地域で、当時は閑静な郊外として、豪商・豪農の邸宅や外国人の居宅などが、砂丘の上の高台に築かれた。歴史ある料亭「行形亭」などもある。

北方文化博物館新潟分館（ほっぽうぶんかはくぶつかんにいがたぶんかん）

新潟の生んだ文学者、會津八一終焉の地

明治の豪農伊藤家が新潟の別邸として取得した建物。會津八一が晩年に暮らしていたことでも知られる。

☎025-222-2262 住新潟市中央区南浜通2 ¥入館450円 ⏰9時30分～17時(12月と3月は～16時30分) 休月曜、1・2月 交バス停北方文化博物館新潟分館前からすぐ P2台 MAP折込表F1

▼白壁が続く白壁通りにある

▲夏場は座敷の襖を外し、簾ごしに庭園を眺めることができる

紅葉の時期も素敵!

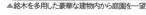

▲銘木を多用した豪華な建物内から庭園を一望

国指定名勝 旧齋藤家別邸（くにしていめいしょう きゅうさいとうけべってい）

豪商の贅を尽くした名庭園にうっとり

大正7年（1918）に建てられた、豪商・四代齋藤喜十郎（さいとうきじゅうろう）の別邸。総敷地面積は1300坪を誇り、回遊式庭園は秋になると松の緑と赤いモミジとのコントラストが美しい。新潟市内初の国の名勝として指定。

☎025-210-8350 住新潟市中央区西大畑町576 ¥入館300円 ⏰9時30分～18時（10～3月は～17時）休月曜（祝日の場合は翌日)、祝日の翌日(土・日曜の場合は火曜) 交バス停北方文化博物館新潟分館前からすぐ P21台 MAP折込表F1

西大畑公園と料亭「行形亭」の間にある小道は「地獄極楽小路」とよばれています。元は刑務所があったからだそう。

リノベーションで蘇った長屋通りの沼垂テラスで雑貨探し

かつて市場として賑わった商店街を平成22年(2010)ごろから徐々にリノベーション。北欧雑貨、アクセサリーやガラス工房、カフェなど小さなストリートには刺激いっぱいです。

沼垂テラス(ぬったりてらす)ってこんなところ

異業種クリエイターたちの発信拠点

新潟の元港町・旧沼垂市場を、若手起業家たちがリノベーションしたレトロな長屋通り。全長160mほどの通りに約30の店が営業。4〜11月の朝市やサテライト店舗もますます充実。

☎025-384-4010(テラスオフィス) 住新潟市中央区沼垂東3-5 ◷休店舗により異なる 交JR新潟駅から新潟交通バス臨海病院行きなどで6分、沼垂四ツ角下車すぐ Pなし MAP折込表J2

❶レトロな長屋商店街をアート&クリエイティブな場に変貌 ❷雑貨店とカフェが隣接した「ISANA」の外観

佐藤青果物店
Ploot
新潟駅へ
大佐渡たむら

 A ISANA(いさな)

家具職人と染織家夫妻の店

手作り家具が並ぶスタイリッシュな店内では、手製の木工雑貨や染め織物を販売。また、隣接するカフェではハンドドリップのコーヒーなどを提供。

☎080-6118-8130
住新潟市中央区沼垂東3-5-22
◷10〜16時(土・日曜は〜18時)
休火・水曜 交バス停沼垂四ツ角から徒歩2分 Pなし MAP折込表J2

▲商店街に映える青い壁が目印

▲▶染布から作る、花かんむりのピアス各3300円。繊細な染め織物の手仕事が光るピアス

▶一輪挿し2970円〜。柿の木の灰から作った釉薬を使用

B 青人窯(あおとがま)

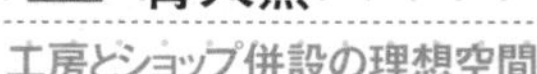

工房とショップ併設の理想空間

地元・新潟の植物を燃やした灰などを釉薬として用いた作品を手がける陶磁器工房。商店街の中ほどにあり沼垂のシックな雰囲気に溶け込む。ショップも併設し食器や骨董品の型を使った雑貨なども販売。

☎090-2246-1687 住新潟市中央区沼垂東3-5-24 ◷10〜17時 休月〜水曜 交バス停沼垂四ツ角からすぐ Pなし MAP折込表J2

▲陶芸体験3800円〜も人気(要予約)

沼垂テラス商店街・朝市開催
4月〜11月の毎月第1日曜日（8〜12時）は、通りが歩行者天国になり常設店と特別出店が一斉にオープン。開催日はHP、SNSで。
☎025-384-4010(テラスオフィス)

C 紡ぐ珈琲と。
つむぐこーひーと。

商店街の一番奥に北欧スタイル

佐渡で北欧を中心とした雑貨のバイヤーをしていた店主の松柴達也さんが、縁あって沼垂テラスで同店を開業。飲み口なめらかな北欧のヴィンテージカップでコーヒーをいただく時間は至福のとき。

☎025-311-0511 住新潟市中央区沼垂東3-5-16 🕒8〜17時 休火・水曜 交バス停沼垂四ツ角から徒歩4分 Pなし
MAP折込表J2

▲ミナ ペルホネンの生地を張った椅子もいくつかある

▲紡ぐのブレンド珈琲500円、紡ぐのトースト・クロックマダム750円

▶注文後、挽きたて豆を淹れる

▶ピンズコレクション550円。一番人気の泥棒ネコ

D ひとつぼし雑貨店
ひとつぼしざっかてん

沼垂テラス商店街の案内所

商店街運営を行うテラスオフィスが手がけるセレクト雑貨店。県内作家のアクセサリーやネコモチーフの雑貨が店内にあふれている。名物菓子「沼ネコ焼」や「沼垂ビール」もあり。

☎025-384-4010 住新潟市中央区沼垂東3-55-22 🕒9時30分〜日没 休無休 交バス停沼垂四ツ角からすぐ Pなし MAP折込表J2

◀ネコ、ねこ、猫だらけの店内に思わずニコッ

◀亀田縞ブローチ1500円。亀田縞は新潟市伝統の綿織物

▼ペーパーウエイト各600円

▲商店街のコンサルティング、地域活性化イベントに携わる

E Ruruck Kitchen
るるっく きっちん

テイクアウトならここ

作りたてのデリやテイクアウトスイーツを販売するデリカテッセン。自家製デミソースで煮込んだハンバーグ450円など、リーズナブルな手料理が並んでいる。

☎025-245-6789 住新潟市中央区沼垂東3-5-22 🕒10時30分〜14時、15時〜18時30分(11〜2月は〜18時、第1・3土曜10時30分〜17時) 休月曜、日曜、祝日、第2・4・5土曜 交バス停沼垂四ツ角から徒歩2分 P1台 MAP折込表J2

▲オレンジ色のオーニングが目印

▶佐渡生乳を使ったソフトクリーム400円(春〜秋限定)

市場といえばネコ。大切な商品をネズミから守る見張り番だったとか。沼垂はネコを愛するまちなのです。

一番おいしい味わい方で 新潟米の底力を感じましょう

コシヒカリの名産地に行くのなら、ツヤツヤふっくらの新潟米をたらふく食べないと損！
羽釜炊きご飯や手作りおにぎりで口中の幸せを噛みしめましょう。

新潟市郊外

くつろぎどころ どまや

くつろぎ処 土間家

羽釜で香ばしく炊き上げたお米

有機栽培の加茂産コシヒカリを、胎内高原の水を用いて羽釜で炊く。強火で一気に炊き上げた米は香り高い。釜飯各1100円～も人気メニュー（予約がおすすめ）。

☎025-211-8788 住新潟市西区坂井東1-14-2 ⏰11～14時、17～23時 休火曜 交新潟駅からJR越後線で16分、寺尾駅下車、徒歩13分 P8台 MAP折込表A3

▲店名のとおり土間のような造りの店内

土間家のまんま 990円
ランチタイムのみ提供されるセットで、日替わり惣菜5種類やご飯のお供が付いてくる

シャモの塩焼き自家製ポン酢御膳 2035円
炭火で焼いた信州黄金シャモと炊きたての米は相性抜群

新潟市郊外

すみび・かまどりょうり かまど

炭火・かまど料理 竈

かまど炊きご飯をおかずと一緒に

店主自らが汲んだ五泉市の名水「吉清水」を用い、季節や天候を見極めながらかまどでご飯を炊く。契約農家から野菜を仕入れるなど、おかずにもこだわりが詰まっている。

☎025-278-3777 住新潟市中央区出来島2-7-18 ⏰11時～13時30分LO、17～21時LO(ご飯がなくなり次第終了) 休月曜、第3日曜 交新潟駅からJR越後線で9分、関屋駅下車、車で5分 P9台 MAP折込表B2

▶古民家を利用した懐かしい雰囲気

新潟米がおいしいヒミツ

新潟には栄養豊富な土壌や豊かな雪どけ水など、米作りに最適な環境が揃っています。また、県内の米農家の多くは通常の肥料のほかにミネラルを与えるなど、手間ひまやコストを惜しまない米作りを行っているのです。

南魚沼市塩沢地区の米農家 関 智晴さん

新潟市／新潟駅周辺

ばくだんおにぎりや

爆弾おにぎり家

羽釜炊きのコシヒカリを1合使用

駅ナカ施設ぽんしゅ館コンプレックスに併設。1合分の米を使う爆弾おにぎり300円～のほか、4合サイズの大爆おにぎり2200円～など、ヘビー級のおにぎりが自慢の店。

☎025-290-7332(ぽんしゅ館 コンプレックス) 住新潟市中央区花園1-1-1 ⏰10～18時 休無休 交JR新潟駅直結 P826台（割引サービスあり） MAP折込表I4

黒豚そぼろ（爆弾おにぎり）
1個700円
店内で精米したコシヒカリを握る。茶碗2膳分の米を丸く握った特大サイズ。新潟産の黒豚を具材に使用している

▲ぽんしゅ館でのショッピングと一緒に楽しみたい

ひねもす定食 850円
おにぎり2個に惣菜4品と味噌汁のセット。おにぎりは無農薬の米を使用している

▲店内は落ち着いたカフェ風

新潟市／古町・本町

むすびやもも

むすびや百

ヘルシー志向の手作りおにぎり定食

常時6種類以上あるおにぎりと惣菜を提供する、カミフル(→P24)にある食事処。県産コシヒカリに合わせるのは豆味噌などのヘルシー食材。

☎070-5567-7870 住新潟市中央区古町通3-556 ⏰12～17時 休月・火曜 交バス停白山公園前から徒歩4分 Pなし MAP折込表F3

新潟市／新潟駅周辺

おにぎりせんか ぬくもりや

おにぎり専家 ぬくもり屋

おにぎりピラミッドが名物

おにぎりが主役のユニークな居酒屋。減農薬コシヒカリを使用した名物のおにぎりピラミッドはインパクトのある見た目。いかごろはさみ揚げ330円などのおつまみも充実。

☎025-246-8000 住新潟市中央区東大通1-6-2 ⏰18時～午前3時(金・土曜は～午前5時) 休日曜 交JR新潟駅から徒歩3分 Pなし MAP折込表I3

◀カウンター席で一人飲みもおすすめ

おにぎりピラミッド 1650円
鮭や梅、サーモン塩辛など21種類のおにぎりをピラミッド状の台に載せて提供

自宅でおいしく炊くには、炊きはじめから沸騰までの時間を長くすること。炊飯器に氷を入れたり冷蔵庫で浸水させるのがコツ。

ネタもシャリも超一級！ご当地寿司「極み」をいただきます

地元・日本海で水揚げされたネタはのれんをくぐる人たちを満足させ魅了します。新鮮な魚介に合うのは新潟の上質米と店主の心意気。心ゆくまで堪能しましょう。

「極み」って？

新潟県すし商生活衛生同業組合を中心に生み出した共同メニュー。店ごとに異なる地魚10貫とお椀のセットを、約50店舗にて同一価格で提供。

極み 4400円
その日仕入れた旬の地物ネタに、トロ・ウニ・イクラが加わった10貫

◀カウンター席のほか、座敷席も備わる

新潟市/古町・本町

すし・かっぽう まるい

鮨・割烹 丸伊

熟練職人の目利きが光る地物づくし

地元市場で仕入れたネタをその日のうちに使い切るなど、鮮度のよいものを提供するよう徹底。のど黒炙り丼2500円や、のど黒鍋2人前4500円～（冬期限定・要予約）も人気。

☎025-228-0101 住新潟市中央区東堀通8-1141 ⓛ11時30分～14時、17時～22時30分 休不定休 交バス停古町花街入口からすぐ P提携駐車場あり MAP折込表G2

極み 4400円
南蛮エビ、バイ貝、ブリなどの地ネタ10貫に玉子が付く。魚醤をつけると個性的な味わいに

新潟市/新潟駅周辺

ちよずし ほんてん

千代鮨 本店

鮮度のよさと職人の技が光る

昭和44年(1969)創業。中央卸売市場から仕入れたネタ、西蒲産のコシヒカリ、地元醸造元と協力して造った醤油を使用するなど、地物へのこだわりぶりが徹底されている。

☎025-245-6727 住新潟市中央区東大通1-5-26 ⓛ11時30分～13時30分、16時30分～22時30分 休祝日の昼、日曜 交JR新潟駅から徒歩2分 Pなし MAP折込表I3

▶新潟駅からほど近く、一人でも利用しやすい雰囲気

全国有数の寿司大国・新潟は、回転寿司もハイレベルです

「海転すし誠 豊栄店」では、本店のある村上市の岩船漁港や中央卸市場に水揚げされた魚介を、この道一筋の寿司職人が握る。写真は気まぐれ10貫1144円。季節限定も要チェック。
☎025-385-6115 MAP折込裏D3

新潟市郊外

こがねずし

こがね鮨

シャリとネタのうま味が渾然一体

鮮度抜群の地魚を使用するのはもちろん、用途に合わせて米を炊き分けるなど、シャリにもこだわる人気店。白身魚のネタには、風味を引き立てるためシャリにザラメを使用。

☎025-246-0032 住新潟市東区紫竹5-1-1 ⏰11～14時、16時～20時30分(日曜11時～20時30分) 休月曜、ほか臨時休業あり 交JR新潟駅から車で5分 P15台 MAP折込表C2

▶カウンター席のほか、小上がり席も用意している

新潟すし三昧極み 4400円
ネタによって化粧包丁を入れた地物10貫に、南蛮エビだしのあら汁が付く

新潟市/沼垂

せかいずし

せかい鮨

のどぐろ炙り丼発祥の店

▶昼も夜も予約で満席になる日が多い

新潟の寿司を全国に広めるべく「極み」メニューやのどぐろ炙り丼を考案。 佐渡産の地魚や岩船産コシヒカリなど厳選した地元食材を使用。究極の味を求め遠来の客人も足繁く通う。

☎025-244-2656 住新潟市中央区沼垂東4-8-34 ⏰11～14時、17～21時 休月・火曜 交JR新潟駅から車で5分 P8台 MAP折込表J2

極み 4400円
ノドグロ、ウニ、トロ、イクラと旬の地魚の10貫に、だし玉子とお椀付き

極み 4400円
トロや南蛮エビなど季節替わりのネタ10貫に、だし巻き玉子が付く

新潟市/古町・本町

すしやす

寿司安

老舗の技量が光る江戸前の寿司

本格的な江戸前寿司を味わえる老舗。魚介は天然もののみを仕入れ、米は県内鼓岡産コシヒカリを使用。旬のネタをあえて酢でしめるなど、魚のうま味を引き出すひと手間を加える。

☎025-222-4613 住新潟市中央区本町4-273 ⏰11時30分～13時30分、17～21時 休不定休 交バス停本町通五番町からすぐ Pなし MAP折込表G3

▼カウンターでは1貫ずつ握って提供してくれる

新潟は日本海も近く、海産物の漁獲量も多い土地柄、回転寿司もハイクオリティです。

日本海の新鮮魚介に大満足 海鮮丼ワールドを食べ尽くす

海岸線635.2㎞の長大な沿岸に大小64もの港が点在する新潟。
水揚げされたばかりのネタたっぷりの海鮮丼で心もお腹も満たされます。

特上海鮮丼 2100円〜
本マグロや天然ブリ、南蛮エビなど8〜10種。定番ネタのブリは12〜2月にかけて脂がのる寒ブリに
※仕入れ状況によりネタに変更があります

新潟市郊外

ちゅうおうしょくどう

中央食堂

新潟市中央卸売市場内にある食堂。市場から仕入れる鮮度抜群の魚介を使ったメニューは、丼だけで10種類以上と豊富な品揃え。天然本マグロ定食2100円〜も人気が高い。

☎025-276-2036 住新潟市江南区茗荷谷711新潟市中央卸売市場内 時5時30分〜14時 休不定休 交JR新潟駅から車で25分 P新潟市中央卸売市場駐車場利用100台 MAP折込表D3

▲壁にはおすすめのメニューがぎっしりと並ぶ

新潟市/古町・本町

にほんりょうり あららぎ

日本料理 あららぎ

昭和62年（1987）の創業から続く、もずくのみの茶碗蒸し、南蛮えび真丈（じんじょ）や南蛮えび丼など、ここだけでしか食べられない一品ばかり。素材や味付けにこだわった料理は、地元新潟の客からも長く愛されている。

☎025-226-7772 住新潟市中央区東堀通6-1050-1石田ビル1階 時11時30分〜13時LO、18時〜19時LO 休日曜、第3月曜（その他夏期休暇あり） 交バス停東堀通六番町（マンガの家入口）からすぐ Pなし MAP折込表G2

◀木の風合いでまとめた落ち着いた空間

南蛮えび丼
4180円（昼限定）
毎朝手むきする南蛮エビを使用。もずくの茶碗蒸しに先付け3種などが付く

新潟の魚介がおいしいヒミツ

新潟漁業協同組合の本間祝子さん

新潟の魚がおいしいのは、新潟沖の海流に理由があるんです。栄養分を含んだ雪どけ水が、信濃川と阿賀野川を通って海へ流れ込み、プランクトンを多く含むため栄養が豊富。魚がおいしく育つんですよ。

新潟市/万代島

じざかなこうぼう

地魚工房

新潟漁港の直売所に併設された漁協直営店。ブリ丼をはじめ、特盛海鮮丼1350円、なめろう丼800円など、市場直送の魚介を使った丼を常時6種類用意。いずれも手頃な価格帯。

☎025-244-6182 住新潟市中央区万代島2-1新潟県水産会館1階 ⏰9時30分～15時30分(土・日曜、祝日は9時～) 休火曜 交バス停ピアBandaiからすぐ P共同駐車場利用141台 MAP折込表I2

▶店内では地魚の加工品も販売

ブリ丼 1100円
その日競りにかけられた佐渡産ブリを使用

新潟市/古町・本町

にいがたほんちょう すずきせんぎょ

新潟本町 鈴木鮮魚

商店街の商業施設内にある鮮魚店。店内にテーブルと椅子が設けられており、海鮮丼をはじめ刺身や焼き魚などを味わえる。新潟の地酒も複数揃えており、魚を味わいながらの一杯も可能。

☎025-228-9675 住新潟市中央区本町通1114 ⏰9～17時 休木曜 交バス停東堀通六番町(マンガの家入口)からすぐ Pなし MAP折込表G2

海鮮丼 1100円
その日仕入れた新鮮な魚介を店内でさばき、10種類前後のせる。味噌汁付き

海鮮丼 2980円
総重量は1.5kg強、県内屈指の特盛丼。その日とれたカニをはじめ、その日揚がった赤身・白身・青魚・貝をバランスよく12種類のせる(残した場合は別料金)

新潟市郊外

おさかなてい しろねてん

おさかな亭 白根店

新潟市の市場で仕入れた鮮魚を使う和食店。名物の海鮮丼のほか、寿司7貫に焼き物や天ぷらが付くおさかな亭御膳2300円など、寿司を組み込んだお得なセットメニューが人気。

☎025-373-0830 住新潟市南区戸頭1302-1 ⏰11時30分～14時、17～21時 休月曜の夜 交JR新潟駅から車で38分 P15台 MAP折込裏C3

新潟の海鮮丼はネタの厚切りが特徴の一つ。なかでも卸売市場内や漁港の直売所、鮮魚店の一角に構える店では驚きの厚さ。

肥沃な大地が育てた3大ブランド肉を贅沢にいただきます

海鮮やお米のほかに新潟で注目のグルメが、牛、鶏、豚の上質なブランド肉。
ステーキやハンバーグ、豚しゃぶなど、さまざまな料理でこだわりのお肉を堪能しましょう。

にいがた和牛

なめらかな食感と繊細な味わいが特徴の和牛。肉質がよい理由は、ミネラル豊富な牧草と清冽な水で育ったから。

新潟県の特選牛 100g 5830円～
鉄板焼に適した県産牛を2種類の自家製ダレと塩で味わう。

◀目の前で食材が焼かれるカウンター席のほか個室も備える

新潟市/万代シティ

ふれんち てっぱん せいこうあん

FRENCH TEPPAN 静香庵

地上約100mに店を構える鉄板焼レストラン。地元新潟の特選牛をはじめ、新潟の新ブランド米・新之助を使用したガーリックライス880円など、食材を厳選。

☎025-245-1129 住新潟市中央区万代3-1-1メディアシップ19階 ⏰11時30分～15時、17時30分～22時30分（時期により変動あり）休無休 交JR新潟駅から徒歩11分 P提携駐車場利用77台（有料） MAP折込表H3

村上牛のハンバーグ 1738円
ナイフを入れると中はトロリ。付属の焼き石で好みの焼き加減に調整できる

新潟市/古町・本町

すみびやきぐりるとわいん びすとろつばき

炭火焼きグリルとワイン ビストロ椿

村上牛や旬の地魚料理が味わえる一軒家レストラン。A5ランク村上牛の朝びき肉のみを使用したハンバーグは、完全レアでも食べられるほど、肉の鮮度が極めて高い。

☎025-226-7007 住新潟市中央区花町1981-1 ⏰12～14時、17～23時（金・土曜、祝前日は～24時）休無休 交バス停本町から徒歩2分 Pなし MAP折込表G2

▶メディアにも多く取り上げられている人気店

村上牛たっぷりの手作りコロッケをテイクアウトしよう

村上市内の「美食や やま信」の店頭では村上牛をたっぷり使った揚げたてアツアツの手作りコロッケ350円やメンチカツ500円を提供。テイクアウトでそのおいしさを実感。
☎0254-52-2651 MAP P95A1

にいがた地鶏

ジューシーなのに脂分が少なくヘルシー。県産米を配合したエサで育ち、イノシン酸・グルタミン酸のうま味成分を多く含む。

新潟市/古町・本町
とりうめ にしぼりてん
鳥梅 西堀店

創業90年近くの鳥料理店で、にいがた地鶏の鍋（冬期限定）と焼き鳥が二枚看板。

☎025-229-0186 住新潟市中央区西堀前通8-1525 ⏰17～23時LO（祝日は～22時LO）休日曜 交バス停古町花街入口から徒歩4分 Pなし MAP折込表G2

にいがた地鶏鍋 2人前4240円
10～4月限定。モモ、ムネ、ささみの3部位を味わえる贅沢鍋。コクのある醤油ベースの鶏ガラスープとの相性もいい。注文は2人前からで要予約

新潟市/新潟駅周辺
かくれがしゅぼう やっとこ
隠れ家酒房 やっとこ

地産地消にこだわる和食処。にいがた地鶏の親子丼のほか、毎日職人が手打ちする焼き鳥154円～も人気。

☎025-249-1755 住新潟市中央区南笹口2-1-12 2階 ⏰18時～午前5時 休不定休 交JR新潟駅から徒歩12分 P4台 MAP折込表J4

にいがた地鶏の親子丼 1353円
さっぱりとした地鶏を、栄養価が高く濃厚な味わいの「思い出たまご」でとじてある。鶏ガラとカツオだしが隠し味

越後もちぶたロース肉の薪火焼き 3300円
低温調理した厚切りのロース肉を薪で焼くことで香ばしさをプラス。外はカリッと中はジューシー

新潟市郊外
れすとらん まきごや
レストラン 薪小屋

越後もちぶたを100%使用した自家製ハムやソーセージ、地元食材を生かした料理を、古民家とドイツ建築を融合させた空間で味わえる。

☎0256-70-2525 住新潟市西蒲区角田浜1645 ⏰11～14時LO 休無休 交JR新潟駅から車で40分 P200台 MAP折込裏C3

越後もち豚のしゃぶしゃぶ 1375円（写真は2人前）
越後もちぶたと地野菜を、そばだしと越後みそダレで味わう。少し甘めのタレは、カツオだしでうま味の相乗効果も

越後もちぶた

ほどよい弾力と繊細な肉質、さっぱりした脂が特徴。県内の特定農場でこだわりの飼料と、徹底した健康管理のもと飼育。

新潟市/新潟駅周辺
にいがたけやきどおり ときや
新潟けやき通り 富來屋

越後もちぶたや村上牛をはじめ、県内の名物を取り揃える和食店。

☎025-246-7302 住新潟市中央区米山1-1-2 ⏰11～14時LO、17～22時LO 休日曜（祝日の場合は翌日）交JR新潟駅から徒歩3分 Pなし MAP折込表I4

新潟県は米の産地ということもあり米に合う牛肉豚肉の品種改良も盛んです。

雪国生まれの5大ラーメンで心もポカポカになりましょう

スープの冷めにくい背脂系や濃厚味噌、さっぱりしょうが醤油にカレー味など、雪国生まれのラーメンで心もポカポカ。新潟5大ラーメンを食べ比べしましょう。

新潟あっさり醤油
スープの濃さ ★☆☆
麺の太さ ★☆☆
具のボリューム ★★☆

新潟市/古町・本町

がんそしなそば しんきちや

元祖支那そば 信吉屋

丁寧な仕事が生むすっきりスープ

元町中央市場の一角で35年余り続く人気店。豚骨と鶏ガラをベースにしたスープは、丁寧にアクをとりつづけることで透明に。早い日は正午に売り切れることもあるのでご注意を。

☎025-228-3436 住新潟市中央区本町通6-1180 ⏰11時～麺がなくなり次第終了 休木・金曜 Pなし 交バス停東堀通六番町（マンガの家入口）から徒歩2分 MAP折込表G2

ワンタンメン 900円
極細麺にスープと焦がし醤油のタレが絡む。毎日手仕込みするワンタンはプリプリの食感

店内はカウンター席のみ

長岡生姜醤油
スープの濃さ ★★☆
麺の太さ ★★☆
具のボリューム ★☆☆

店内・外観ともに黒が基調

新潟市/新潟駅周辺

おれたちのらーめん ちょびきち

オレたちのラーメンちょび吉

しょうがのインパクト抜群

しょうがの風味をとことん効かせた一杯が評判。定番の生姜醤油のほか、塩味のスーパージンジャーヘブン850円や、期間限定のラーメンなども試したい。

☎025-384-0361 住新潟市中央区春日町3-4 ⏰11時30分～14時、18時～20時30分（火・金・日曜は昼のみ） 休月曜 Pなし 交JR新潟駅から徒歩8分 MAP折込表H4

ド生姜醤油ラーメン 850円
しっかりとしょうがを効かせたスープに、こだわりのしょうが粉末を加えてフレッシュ感をプラス

新潟5大ラーメンに加わる日も近い！？マーボーメンに注目

オリジナリティあふれるメニューが評判の「麺や忍」。背脂マーボー麺(850円)は、煮干しを効かせたスープに、甘みのある背脂と痺れる辛さの麻婆豆腐が絶妙に絡む。
☎025-246-5281 MAP折込表B2

新潟市/新潟駅周辺

せいりゅう
聖龍

食べやすいマイルドなカレー麺

創業40年以上を数える中華料理店。小麦粉とかん水、水のみを使った手打ち麺を使用したラーメンはモチモチで、スープの絡みがよい。カレーラーメンはカレーを上からかけるスタイル。

☎025-241-5558 住新潟市中央区東大通1-9-210 ⏰10時30分～14時30分、18時～22時(金曜は23時まで)、土曜はランチタイムのみ 休日曜、祝日 Pなし 交JR新潟駅から徒歩5分 MAP折込表I3

カレーラーメン 700円
辛さを抑えた懐かしい味わいのカレーと、魚介系のスープが、食べ進めるごとになじむ

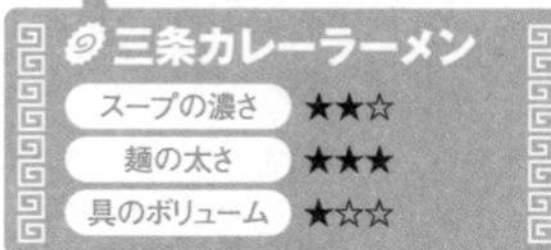

三条カレーラーメン

スープの濃さ	★★☆
麺の太さ	★★★
具のボリューム	★☆☆

リーズナブルなメニューが多く、地元で愛される

新潟市郊外

せきやふくらいてい
関屋福来亭

魚介と背脂の濃厚スープ

新潟市内にある背脂系ラーメンの代表店。秘伝のスープで3時間じっくり煮込んだ豚脂に、生醤油ベースのタレを合わせることで、見た目よりもあっさりとした後味に。

☎025-233-5938 住新潟市西区小新1546-2 ⏰10～15時 休火曜、第3月曜 P20台 交新潟駅からJR越後線で13分、小針駅下車、徒歩14分 MAP折込表A3

ラーメン 850円
極太の自家製麺に背脂が絡む。コクのあるうま味の後に煮干しの濃厚な香りが鼻を抜ける

燕三条背脂

スープの濃さ	★★★
麺の太さ	★★★
具のボリューム	★★☆

スープはもちろん、麺も店内で製麺する

新潟市郊外

こまどり
こまどり

パンチのある味噌スープ

8種類の味噌をブレンドし、10通りのラーメンを作り出す味噌ラーメン専門店。にんにくやとうがらしが効いた濃厚スープのラーメンのほか、巨大サイズの餃子5個660円も人気。

☎0256-72-2827 住新潟市西蒲区竹野町2454-1 ⏰11～21時(土・日曜、祝日11～15時、16時30分～20時30分) 休木曜(臨時休業あり) P60台 交JR新潟駅から車で40分 MAP折込裏C3

味噌ラーメン 780円
独自ブレンドの味噌に、豚や鶏ガラ、かつお節に昆布などを使用したスープが奥深さをプラス

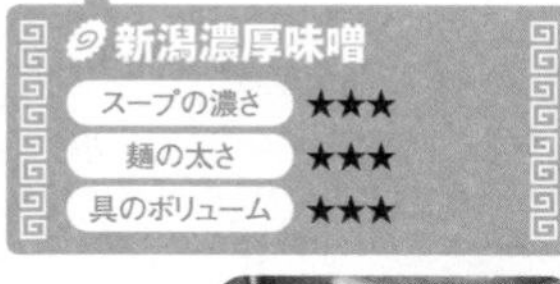

新潟濃厚味噌

スープの濃さ	★★★
麺の太さ	★★★
具のボリューム	★★★

新潟の濃厚味噌ラーメンの元祖といえばココ

新潟市はラーメンの支出金額が日本で1位になるほどのラーメン王国です。

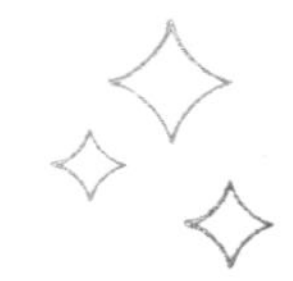

世代を超えて愛される ソウルフードで地元民気分

新潟ローカルに世代を超えて愛され続ける庶民派グルメ。
懐かしくておいしいソウルフードの味を楽しみましょう。

バスセンターのカレー

約50年以上の歴史をもつ「立ち食いコーナー 万代そば」で、創業時から愛されてきたメニュー。昔ながらの黄色いルーが特徴で、その人気ぶりからレトルトも販売している。

カレーライス（普通盛り）530円
じっくり煮込んだ豚骨スープがベース。独自調合したスパイスの辛みが後を引く。※料金変更の可能性あり A

イタリアン

昭和35年（1960）、古町にて「お嬢さんちょっと変わった焼きそばを始めました」というキャッチコピーとともに誕生。フォークで焼きそばを食べるスタイルがウケて流行した。

イタリアン 400円
トマトの酸味とタマネギの甘みが決め手の自家製ミートソースが、ソース味の中華麺に意外にマッチ B

新潟市／万代シティ

たちぐいこーなー ばんだいそば

A 立ち食いコーナー万代そば

黄色い見た目の昔懐かしい和風カレー

万代シティバスセンター内にある立ち食いそば店。そば店ながら名物はカレーライスで、売り切れることもあるので早めに訪れたい。野菜天そば470円（変更あり）も人気。

☎025-246-6432 住新潟市中央区万代1-6-1バスセンタービル1階 ⏰8～19時 休無休 交JR新潟駅から徒歩10分 Pなし MAP折込表H3

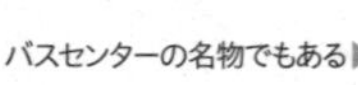

バスセンターの名物でもある▶

新潟市／万代シティ

みかづき ばんだいてん

B みかづき 万代店

ソースとトマトがベストマッチの焼きそば

自家製太麺とモヤシ、キャベツを炒めて特製ソースを絡めた「イタリアン」発祥の店。定番のミートソース味のほか、約7種類のソースを用意。テイクアウト利用も多い。

☎025-241-5928 住新潟市中央区万代1-6-1バスセンタービル2階 ⏰10～20時 休無休 交JR新潟駅から徒歩10分 Pなし MAP折込表H3

サイドメニューも豊富に揃えてある▶

郷土グルメといえば「布海苔」を使ったへぎそばも有名です

「越後へぎそば処 粋や」では佐渡産や北海道産のそば粉、村上産と佐渡産の醤油など、素材にこだわったへぎそばが楽しめる。天ぷらは県産の米粉を使用し上品な味わい。
☎025-282-7288 MAP折込表B2

タレかつ丼 1120円
キメの細かいパン粉をまぶして揚げ、醤油ベースのタレを絡ませている C

タレかつ丼

「とんかつ太郎」初代店主が、カツレツをヒントに醤油ダレに絡めたカツを生み出した。以来、卵でとじずにタレカツをご飯にのせるスタイルが、新潟カツ丼の定番に。

鶏半身揚げ 900円（価格は変動あり）
半身をまるごと揚げているため、一品で複数部位が楽しめる。部位ごとの切り分けサービスも D

半身唐揚げ

「せきとり」の先代店主が、当時子どもに人気があったカレー味で半身の鶏肉を揚げたことから誕生。今では定番化し、新潟市内の各店舗で個性的な半身唐揚げを提供している。

新潟市／古町・本町

とんかつたろう

C とんかつ太郎

甘辛タレが染みたカツでご飯がすすむ

ピュアラードでカラッと揚げてコクをプラスした豚カツが人気。自慢のカツは、とんかつ定食1540円やヒレカツ丼1380円、カツカレー990円などで味わいたい。

☎025-222-0097 住新潟市中央区古町通6-973 ⏰11時30分～14時30分LO、17時～ネタなくなり次第閉店 休第3水曜、木曜 交バス停古町花街入口から徒歩5分 Pなし MAP折込表G2

丼物、定食など多くのメニューを扱う▶

新潟市／沼垂周辺

せきとり ひがしばんだいちょうてん

D せきとり 東万代町店

半身をまるごと味わう新潟スタイルの鶏料理

新潟の定番「半身唐揚げ」発祥の店。鶏半身揚げは、皮はパリっと、中はしっとりジューシー。スパイシーなカレー粉で味付け。蒸し焼き900円～など鶏肉メニューが豊富。

☎025-247-0600 住新潟市中央区天明町3-16 ⏰17～22時（フードLO21時）休不定休 交JR新潟駅から新潟交通バス臨港線などで6分、東地区総合庁舎前下車すぐ Pなし MAP折込表I3

各種メディアで取り上げられている▶

とんかつ太郎のおみやげメニューにはカツ丼のカツだけの販売もあり老舗の味を自宅でも楽しめます。

「日本酒王国・新潟」の地酒とおいしい肴で乾杯!

新潟は酒蔵数が国内トップの日本酒王国。高品質な地酒が数多く生まれ、個性的なお酒も豊富。地酒に合うおいしい肴とともに乾杯しましょう!

かいせんや ねぎぼうず

海鮮家 葱ぼうず

日本海の幸オールスターズとレアな地酒に舌鼓

佐渡沖でとれる魚介から、村上牛などのブランド肉まで、県内産の食材にこだわったメニューが評判。佐渡産コシヒカリはかまど炊きするなど調理にもひと手間かけている。

☎025-240-6363 住新潟市中央区笹口1-10-1 🕒17～24時 休無休 Pなし 交JR新潟駅からすぐ MAP折込表I4

1 利き酒6種越後めぐり1375円。石本酒造、吉乃川、宮尾酒造、丸山酒造場、麒麟山酒造、北雪酒造と各地方の地酒が味わえる 2 安らぎを感じさせる店内は古民家をイメージ。個室も備えている

特選お造り盛り合わせ4378円。ノドグロ、鯛、メジマグロなど旬魚が7～8点味わえる。
のど黒の炭火焼き2728円。炭火による遠赤外線で火を入れるため、うま味が凝縮。

※メニューは変更になる場合があります

佐渡かすべの煮付け600円～。佐渡産のエイヒレの煮付け。コリコリ食感が特徴。
南蛮エビのかんずり焼き600円。ピリ辛に味付けされたエビを殻ごと味わう。

つきひかり

月ひかり

意匠が光る創作料理と自分で選べる地酒セット

路地裏にひっそりとたたずむ隠れ家的料理店。店主自ら目利きした地魚を多彩な調理法で提供。ご当地香辛料「かんずり」を用いた南蛮エビのかんずり焼きなど、創作メニューが充実している。

☎025-226-0012 住新潟市中央区古町通8-1504 江部ビル3階 🕒18時～午前2時(日曜、祝日は～24時、各閉店1時間前LO) 休不定休 Pなし 交バス停古町花街入口からすぐ MAP折込表G2

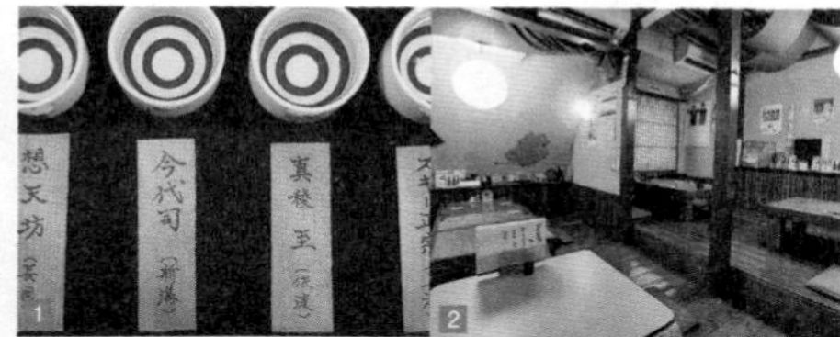

1 日本酒4種飲み比べセット760円。佐渡まで含めた県内各地18酒蔵の日本酒から、好きなものを4種類選んでセットにできる 2 店内のカウンター席限定で晩酌セット1500円も用意

新潟の酒造業を支える
「越後杜氏（えちごとうじ）」

各蔵の酒造りの醸造工程と蔵ごとの味わいを守る屋台骨・杜氏。越後杜氏は日本三大杜氏の一つで地域ごとに大きく3つの支流に分かれる。日本酒を仕込む冬に農村から各蔵に赴いた歴史や往時の道具や資料に触れてみたい。

いかのすみ にいがたえきまえてん
いかの墨 新潟駅前店

魚・肉・米まで県産素材 新潟グルメと美酒を堪能

定番から限定酒まで新潟の日本酒を常時約40種用意している。のど黒藻塩焼き2948円や佐渡沖お造り盛合せ2618円～のほか、村上牛サーロイン石焼2728円などメニュー豊富。

☎025-242-0510 住新潟市中央区東大通1-5-24 🕒17～23時LO 休無休 交JR新潟駅から徒歩3分 Pなし MAP折込表I3

▲活いかの踊り造り2398～3608円。季節ごとに旬のイカを提供（売り切れ次第終了）

おすすめ限定酒

▲エントランスは情緒ある和の小径

◀村祐 黒 2178円（グラス）

▲お刺身7種盛り合わせ（のど黒刺身入り）1人前1680円

おすすめ限定酒

◀五郎酒1合580円。魚に合うよう醸造された辛口の純米酒。すっきりした口当たりが、新鮮な刺身のうま味を引き立てる。

▲厨房スタッフの活気が伝わるカウンター席

しゅんぎょしゅさい ごろう ばんだいてん
旬魚酒菜 五郎 万代店

高級魚と相性抜群の 限定醸造酒で一献

漁師から直接仕入れる、鮮度抜群の地魚が自慢。魚だけでなく野菜や米も農家直送。今代司酒造が醸造したオリジナルの五郎酒のほか、新潟各地の日本酒が幅広く揃う。

☎025-241-5601 住新潟市中央区東大通2-3-15 2階 🕒17時～午前1時 休無休 交JR新潟駅から徒歩6分 Pなし MAP折込表I3

えちごいちえ じゅうろう
越後一会 十郎

越後料理を肴に地酒を楽しむ

新潟港で水揚げされた鮮魚や毎朝仕入れる野菜など、新鮮食材を使用した越後料理を提供。季節限定の地酒など新潟の日本酒も充実のラインナップ。

☎025-247-5106 住新潟市中央区東大通2-1-7松尾ビル1階 🕒16時30分～23時30分LO 休無休 交JR新潟駅から徒歩5分 Pなし MAP折込表I3

▲村上牛モモ肉炙り焼き（手前）2680円、十郎飯（奥）780円

おすすめ限定酒

◀八重久比岐 空 大吟醸 徳利1050円。故郷の青空のような澄んだクリアな味わいが特徴の辛口のお酒

▶穏やかな灯りが照らす掘りごたつ席完全個室

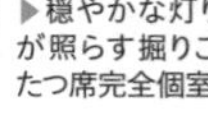

お店で使う農産物も地元のものが中心。地産同士の豊かなマリアージュを堪能できます。

利き酒＆お酒造りの現場を見学してお気に入りの一本を見つけよう

新潟の銘酒を生み出す酒造りの現場を見学。
多彩なお酒を試飲して、お気に入りの一本に出合いましょう。

新潟タウン

いまよつかさしゅぞう

今代司酒造

伝統と革新をブレンドする老舗

明和4年(1767)に創業した老舗酒造。菅名岳の天然水などを使用し、全国でも珍しいアルコール添加を一切行わない製法の全量純米蔵として知られる。伝統技法を守りながら、モダンな日本酒造りにも取り組んでいる。

☎025-245-0325 住新潟市中央区鏡が岡1-1 ⏲9～17時 休無休 交JR新潟駅から徒歩15分 P30台 MAP折込表J3

▶華やかなボトルの錦鯉 720㎖6160円

▶老舗の風格を感じさせる外観。併設ショップにはここでしか買えない限定品も

▶酒造りの解説を受けながら工程を見学

▼季節限定酒などの希少酒を試飲できる

▲初めての酒蔵見学にワクワク♪ 日本酒の試飲もできる

新潟駅構内

ぽんしゅかん にいがたえきてん

ぽんしゅ館 新潟驛店

新潟の食を幅広く取り揃える

新潟県各地にある主な酒造の酒を販売。その数なんと約200銘柄。「唎酒番所」では、各酒造の唎酒体験ができる。地元食材を生かしたおつまみや、日本酒に関連した小物、酒造グッズも充実。

☎025-240-7090 住新潟市中央区花園1-96-47駅ビルCoCoLo新潟西館 ⏲9～21時（唎酒番所は9時30分～20時30分※コイン購入は～20時15分）休無休 交JR新潟駅直結 P826台 MAP折込表I4

◀越の寒中梅 純米吟醸 原酒720㎖ 1650円

▼ぽんしゅ館オリジナル枡をおみやげに。594円

◀カウンターで500円払い、コイン5枚とおちょこをもらおう。約100種類のなかから1セットで最大5種類味比べできる

※おちょこは要返却

◀唎酒番所で気になったお酒は店舗内で購入できるので忘れずにチェック

ワイナリーツアーで
ぶどう畑を
見学してみよう

角田山の麓にある「カーブドッチワイナリー」。広大なぶどう畑や醸造棟を巡り、ワイン造りを肌で感じよう。自社ワインのショップや、地元食材にこだわったレストラン、マルシェ、温泉などもあり一日楽しめる。☎0256-77-2288 MAP折込裏C3

佐渡の素材を最新技術で仕込む

てんりょうはいしゅぞう

天領盃酒造

☎0259-23-2111 住佐渡市加茂歌代458 ⏰9～17時 休1～3月の土・日曜、祝日 交バス停両津港（佐渡汽船）から新潟交通佐渡バス本線で5分、境下車すぐ P15台 MAP折込裏G2

雅楽代（うたしろ）
720mℓ 1750円
天領盃酒造の新ブランド。料理に合うお酒として造られており、食事のときにもおすすめ

江戸期から続く伝統を守る

たいようしゅぞう

大洋酒造

☎0254-53-3145 住村上市飯野1-4-31 ⏰9～12時、13～16時 休日曜 交JR村上駅から徒歩17分 P4台 MAP P95B1

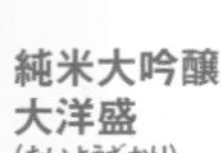

純米大吟醸 大洋盛（たいようざかり）
720mℓ 6050円
ベースは関東信越国税局酒類鑑評会 純米吟醸酒の部で最優秀賞を受賞した酒で、蔵の代表銘柄

醸蔵（じょうぐら）**生原酒**
720mℓ 2500円
「醸蔵」ショップ限定商品で、地元産の米を使用。生原酒特有の飲み口が特徴

戦国時代から続く名門蔵

よしのがわ

吉乃川

☎0258-77-9910（酒ミュージアム「醸蔵」）住長岡市摂田屋4-8-12 ⏰9時30分～16時30分 休火曜（祝日の場合は翌日）交JR宮内駅から徒歩10分 P40台 MAP折込裏C4

「雪」恩恵の伏流水が秘訣

あゆまさむねしゅぞう

鮎正宗酒造

☎0255-75-2231 住妙高市猿橋636 ⏰9～17時 休日曜、祝日（土曜は不定休）交えちごトキめき鉄道関山駅から車で10分 P4台 MAP折込裏A6

特別本醸造『鮎正宗』
720mℓ 1320円 キレがあり、清冽な湧き水と米に由来するやわらかな甘みも併せもつ

雪国発！新感覚の日本酒

たまがわしゅぞう

玉川酒造

☎025-797-2777（越後ゆきくら館）住魚沼市須原1643 ⏰9～16時 休無休 交JR浦佐駅から10分、小出駅で乗り換え20分、越後須原駅下車、徒歩5分 P12台 MAP折込裏C5

純米吟醸 イットキー
720mℓ 1600円
酸味と甘みが特徴で、ワイングラスでおいしい日本酒アワード最高金賞を受賞している

酒造は体感型リゾートへ

たいかんがたさかぐらりぞーと ごかいびし（おうもんしゅぞう）

体感型酒蔵リゾート 五階菱（王紋酒造）

☎0254-22-5150
住新発田市諏訪町3-1-17
⏰9～18時 休無休
交JR新発田駅から徒歩5分 P30台
MAP折込裏D2

王紋 純米吟醸 生原酒
720mℓ 3082円
搾ってすぐに－2℃で貯蔵する、フルーティな香りとフレッシュかつ濃厚な味わいをもつ酒蔵限定品

新潟市内には日本酒醸造技術を学べる「新潟清酒学校」があり、各蔵から推薦派遣された者だけが入校できます。

見た目もかわいいおみやげにキュン♡ほめられみやげをゲット

いつもそばに置いておきたい小物や、思わず笑顔になるお菓子。
新潟みやげはキュートなのです。

オリジナル手ぬぐい
各1100円〜
様々ないきものが描かれた手ぬぐいは市内の染物屋で染められている。馬と鳥をモチーフにした柄もある A

新潟産砂時計
すなだときお
1100円〜
新潟市で1軒のみ製造している貴重なメイドイン新潟の砂時計。白や青など全4色ある A

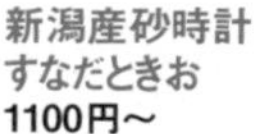

yaetoco ハンドクリーム
各770円
愛媛で大切に育てられた柑橘から抽出した精油と、その蒸留水をベースに作られたハンドクリーム A

新潟のお結び
各1980円〜
県産コシヒカリ3合を、オリジナル手ぬぐいでおむすび型に包装。個性派みやげに A

KINO 組子コースター
各1650円
伝統的な組子細工で仕上げたコースター。和モダンな幾何学模様が美しい B

センスの光る品々がズラリ

ひっこりーすりーとらべらーず
A hickory03travelers

☎025-228-5739 住新潟市中央区古町通3-556 ⏰11〜17時(土曜のみ〜18時) 休月曜(祝日の場合は翌日) 交バス停白山公園前から徒歩4分 Pなし MAP折込表F3

駅チカでお買い物に便利

ぽんしゅかん くらふとまんしっぷ
B ぽんしゅ館 クラフトマンシップ

☎025-290-7552 住新潟市中央区花園1-1-1CoCoLo西N+ ⏰10〜19時 休無休 交JR新潟駅直結 Pなし MAP折込表I4

新潟みやげの定番

たなかやほんてんみなとこうぼう
C 田中屋本店みなと工房

☎025-225-8822 住新潟市中央区柳島町1-2-3 ⏰9〜18時(12月1日から2月末日は17時30分に閉店) 休無休 交バス停歴史博物館前から徒歩5分 P15台 MAP折込表H1

老舗の定番から名産品
こだわりのあの商品も
取り揃えています

おみやげをもう少し買いたいときや、まとめて旅の最後に購入するときに便利なのが新潟駅の駅ビル「CoCoLo新潟」(MAP折込表I4)。"そうそう、コレコレ"が揃ううれしい場所です。

白銀サンタ
1箱(8個入り)1000円
雪だるまを模した新潟産米粉生地で、甘酸っぱいフランボワーズジャムを包んだ焼き菓子 D

にいがた琥珀
1箱1080円
花火や佐渡島などをかたどったデザインがかわいい、寒天のプルプル食感がアクセントの砂糖菓子 E

笹だんご
1個194円(つぶあん)
ヨモギを練り込んだ生地の団子を笹で包んだ新潟の郷土菓子。全5種類 C

新潟雪だるま
972円
レモンが香るサクサク食感の干菓子。包装に描かれている顔がかわいらしい。12枚(6袋)入り。10～2月末までの期間限定商品 F

米粉や新潟の名産品を使用

がとうせんか いしずえてん
D ガトウ専科 礎店

☎025-227-7500 住新潟市中央区新島町通1ノ町1977-2 ⏰8～20時 休無休 交バス停礎町からすぐ P近隣駐車場利用 MAP折込表G2

生キャラメル羊羹もイチオシ

ひゃっかえん ほんてん
E 百花園 本店

☎025-222-4055 住新潟市中央区営所通1-321 ⏰9時～18時30分 休無休 交JR新潟駅から車で7分 P提携駐車場利用 MAP折込表F2

江戸末期創業の老舗

こしのゆきほんぽやまとや
にいがたいせたんてん
F 越乃雪本舗大和屋 新潟伊勢丹店

☎025-242-1111 住新潟市中央区八千代1-6-1新潟伊勢丹地下1階 ⏰10～19時(土曜は～19時30分) 休無休 交JR新潟駅から徒歩14分 P2台 MAP折込表H3

砂時計には、ただ落ちていく砂を眺めているだけで癒やされ効果があるのだそう。

ココにも行きたい

新潟タウンのおすすめスポット

にいがたしすいぞくかんまりんぴあにほんかい
新潟市水族館 マリンピア日本海

日本海にスポットをあてた展示に注目

日本海に生息する魚類など、地元に密着した展示が多い。名物は迫力あるジャンプが見られるイルカショーで、1日4回（日曜、祝日は1日5回）開催。磯の生き物やペンギンの生態解説などの多彩なプログラムも要チェック。DATA ☎025-222-7500 住新潟市中央区西船見町5932-445 ⏰9～17時（夏期は延長の場合あり。入館は閉館の30分前まで）¥入館1500円 休3月第1木曜とその翌日 交バス停水族館前からすぐ P670台 MAP折込表B2

約90羽のフンボルトペンギン

タイミングを合わせて同時にジャンプ

にいがたしまんが・あにめじょうほうかん
新潟市 マンガ・アニメ情報館

体験型ミュージアムで楽しく学ぼう!

新潟ゆかりのマンガ家やアニメクリエイターを紹介。マンガやアニメの制作方法を体感できる。

DATA ☎025-240-4311 住新潟市中央区八千代2-5-7 万代シテイBP2 1階 ⏰11～19時（土・日曜、祝日10時～、最終入館18時30分）¥常設展観覧料一般200円、小中学生は土日祝無料 休展示替えによる臨時休館あり 交JR新潟駅から徒歩15分 Pなし MAP折込表H3

やきにくたっちゃん
焼肉たっちゃん

霜降り肉で豪華焼肉を

村上牛を提供する有名焼肉店。食感を楽しめるよう、部位ごとに厚みを変えて提供される。

DATA ☎025-245-4941 住新潟市中央区東大通1-11-12パルコミニオンビル1階 ⏰17～22時 休不定休 交JR新潟駅から徒歩5分 P提携駐車場利用(3000円以上の食事で1時間無料) MAP折込表I3

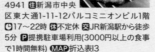

にいがたけんりつばんだいじまびじゅつかん
新潟県立万代島美術館

朱鷺メッセ内にある県立美術館

国内外の多様な美術品をゆったりした空間で鑑賞できる。

DATA ☎025-290-6655 住新潟市中央区万代島5-1万代島ビル5階 ⏰10～18時 休展覧会により異なる 交JR新潟駅から新潟交通バス佐渡汽船線で13分、朱鷺メッセ下車すぐ P万代島駐車場利用1800台(1時間まで無料、以降30分100円) MAP折込表I2

てんちほうさく にいがたえきてん
天地豊作 新潟駅店

駅ビルで伝統料理やブランド肉を味わう

駅ビル「CoCoLo新潟」にある食事処。地場産食材を用いた郷土料理など、多彩なメニューが人気。地酒やクラフトビールなども揃う。

DATA ☎025-248-8808 住新潟市中央区花園1-1 ⏰11時～15時30分、17～21時 休無休 交JR新潟駅直結 P826台（割引サービスあり）MAP折込表I4

ぎぶ みー ちょこれーと
GIVE ME CHOCOLATE

名物のオリジナルハンバーガーが人気

チョコレート専門店ではなく、ハンバーガーが名物のカフェ。人気NO.1のGMCバーガーは1480円。オリジナルハーブ入りの食パンと牛ハラミ100%のパテが相性抜群。

DATA ☎025-385-6303 住新潟市中央区万代1-2-3コープ野村万代1階 ⏰11時30分～22時 休火曜（祝日の場合は営業）交JR新潟駅から徒歩10分 Pなし MAP折込表H3

ぽんしゅかん うおぬまかまくら
ぽんしゅ館 魚沼釜蔵

充実の日本酒とこだわりご飯

漁船から直接仕入れる新鮮魚介が揃う。南魚沼・塩沢産にこだわったコシヒカリの銅釜炊き白米御膳1749円～などが人気。

DATA ☎025-240-7092 住新潟市中央区花園1-96-47 JR東日本ホテルメッツ新潟1階 ⏰朝食6時30分～9時30分、ランチ11時～14時30分、夕食17時～22時30分LO 休不定休 交JR新潟駅直結 P826台（割引サービスあり）MAP折込表I4

にいがたしびじゅつかん
新潟市美術館

カフェやショップなどを備えた美術の拠点

新潟ゆかりの作家の作品を所蔵。前川國男の建築空間もみどころ。コレクション展のほか年4回ほど企画展も開催。

DATA ☎025-223-1622 住新潟市中央区西大畑町5191-9 ⏰9時30分～18時（10～3月は～17時）休月曜（祝日の場合は原則翌日）、展示替え期間など 交バス停古町から徒歩12分 P46台 MAP折込表F1

料亭一〆（りょうていいちしめ）

ウナギと釜めしが絶品！和食の名店

明治5年(1872)創業の老舗料亭。人気のうな重4800円など、本格的な日本料理が味わえる。DATA☎025-229-1551 住新潟市中央区東堀通9-1395 ⏰11～14時、17～20時（お座敷は要予約）休月曜（予約があれば営業）、日曜の夜は不定休 交バス停古町花街入口から徒歩5分 P5台 MAP折込表G1

加島屋（かしまや）

手作りと素材にこだわる創業160年超の老舗

海産物の加工品を販売。人気は手塩にかけて漬け込んだ、脂ののったキングサーモンを丁寧に焼きほぐしたさけ茶漬中ビン2160円など。DATA☎0120-00-5050 住新潟市中央区東堀前通8-1367 ⏰10～18時（日曜、祝日営業時は～17時、12月は～19時）休日曜 交12台 MAP折込表G2

小森豆腐店 下本町店（こもりとうふてん しもほんちょうてん）

大豆本来の甘みを凝縮したソフトクリーム

100年以上続く老舗豆腐店。県産の大豆を使った豆腐1丁150円をはじめ、リーズナブルな手作り豆腐や惣菜が並ぶ。豆乳ソフトクリーム150円もある。DATA☎025-210-2113 住新潟市中央区本町通12番町2746-1 ⏰10～18時 休日曜、祝日 交バス停旧小澤家住宅入口からすぐ Pなし MAP折込表G1

さわ山（さわやま）

つぶ餡たっぷりの薄皮大福

大正時代創業の餅菓子専門店。薄くのばした餅で、手作りのつぶ餡を包む名代大ふく135円が名物。無添加にこだわっているため、商品はすべて購入当日に食べよう。DATA☎025-223-1023 住新潟市中央区夕栄町4513 ⏰8～17時（売り切れ次第終了）休火曜（変動あり）交バス停旧小澤家住宅入口から徒歩3分 P7台 MAP折込表B1

貝楽酒場 たらふくうなり（かいらくさかば たらふくうなり）

貝だしスープのラーメンが隠れた人気

全国から取り寄せた貝類が味わえる居酒屋。貝出汁ラーメン858円が評判で、干しアサリやカキエキス、鶏ガラなどでとったコク深いスープがクセになる。地酒のラインナップも豊富。DATA☎025-201-8429 住新潟市中央区古町通8-1437-6 ⏰17時～午前1時 休無休 交バス停古町花街入口からすぐ Pなし MAP折込表G2

ジェラテリア Popolo（じぇらてりあ ぽぽろ）

バラエティ豊かなフレーバーが評判

地元でも人気のジェラート店。定番から季節限定ものまで、100種以上から12種を提供。シングル390円、ダブル440円、トリプル490円。種類豊富なので好みの味を探してみよう。DATA☎025-223-6676 住新潟市中央区水道町1-5939-37 SEA WEST31階 ⏰10時～日没 休無休 交バス停水族館前から徒歩3分 P30台 MAP折込表B2

郊外で参加できる！新潟独自の体験を！

南北に広く、米作りが盛んな地域の特色を生かし独自の催しやお菓子を多く作っています！

しろね大凧と歴史の館（しろねおおだこれきしのやかた）

世界各国のユニークな凧が勢揃い

珍しい凧を集めた、世界最大級の凧の博物館。ミニ凧作りなどの体験が人気。DATA☎025-372-0314 住新潟市南区上下諏訪木1770-1 ⏰9～17時（最終入館16時30分）休第2・4水曜（祝日の場合は翌日）交JR新潟駅から車で40分 P44台 MAP折込裏C3

新潟せんべい王国（にいがたせんべいおうこく）

オリジナルのせんべい作りにチャレンジ！

「ばかうけ」を製造・販売する栗山米菓直営のせんべいのテーマパーク。DATA☎025-259-0161 住新潟市北区新崎2661 ⏰9時30分～16時（土・日曜、祝日は～17時）休不定休（要問合せ）交JR新崎駅から徒歩20分 P100台 MAP折込表D2

新潟ふるさと村 バザール館（にいがたふるさとむらばざーるかん）

酒や米、銘菓など県産みやげが集結

新潟の味覚や工芸品が揃う道の駅。DATA☎025-230-3000 住新潟市西区山田2307 ⏰9時30分～17時30分（大型連休時は延長あり）休無休 交JR新潟駅から新潟交通バス萬代島ラインで40分、新潟ふるさと村下車すぐ P400台 MAP折込表A3

新潟県には誕生から70年以上のご当地アイス・もも太郎があります。夏場にスーパーやコンビニで見かけることができます。

観光拠点にしたい 新潟タウン周辺のおすすめホテル

駅を出たらそのままホテルへ。駅直結の便利なホテルをはじめ、市街中心部、眺望のよさ、天然温泉のあるホテルなど。ステイ先にも楽しみが待っています。

じぇいあーるひがしにほんほてるめっつにいがた

JR東日本ホテルメッツ新潟

JR新潟駅西側連絡通路に直結し、アクセス抜群。ぽんしゅ館 新潟驛店（P42）に隣接。県内89の全蔵、100銘柄を超える日本酒を試飲した後は快適な室内でぐっすり。

☎025-246-2100 住新潟市中央区花園1-96-47 交JR新潟駅直結 P契約駐車場利用（1泊1000円） MAP折込表I4

利き酒も気軽に楽しめる便利なホテル

ゆったりとした広さのスタンダードツイン

CHECK
✣1泊素泊まり✣
平日 9000円～
休前日 1万3000円～
✣時間✣
IN15時、OUT11時

SUZUVELの軽食

新潟の食文化を生かした惣菜を常時10種以上提供。ホテル1階にある。

あーとほてるにいがたえきまえ

アートホテル新潟駅前

新潟駅南口直結の好立地にある。ビジネスやレジャーの拠点にぴったり。総客室数304室で、さまざまなタイプのゲストルームを用意。連泊や延泊にリーズナブルな価格帯が人気。新潟空港行きリムジンバス停のすぐ前に立地。

☎025-240-2111 住新潟市中央区笹口1-1 交JR新潟駅直結 P提携駐車場利用 MAP折込表I4

駅直結でスマートに朝食の充実度は群を抜く
PLAKA 1

車でのアクセスもスムーズで、ビジネスやレジャーの拠点として便利

CHECK
✣宿泊料金✣
平日 7500円～
休前日 1万1000円～
✣時間✣
IN15時、OUT11時

郷土料理の朝食

品数は常に50品以上。新潟ブランド米2種類の食べ比べも魅力。

ほてるにっこうにいがた

ホテル日航新潟

朱鷺メッセ直結のホテル。建物は甲信越地方では一番高く地上31階建て。ホテルは3・4階にフロント、レストラン、宴会場があり、客室階は22～30階の高層階にある。佐渡汽船フェリーターミナルへ直結なので佐渡への旅の拠点にも。

☎025-240-1888 住新潟市中央区万代島5-1 交JR新潟駅から新潟交通バス佐渡汽船線で13分、朱鷺メッセ下車すぐ P180台（1泊1000円） MAP折込表I2

客室の大窓からのナイスビューに大満足

眺めのよいデラックスツイン（1室4万1140円）

CHECK
✣宿泊料金✣
シングル 1万8150円～
ツイン 2万6620円～
✣時間✣
IN14時、OUT11時

大パノラマの展望室

Befcoばかうけ展望室から市街地、日本海、佐渡島の絶景を。

ココもチェック

部屋食 エステあり 禁煙ルームあり 大浴場あり ひとり宿泊OK

明治7年創業の老舗ホテル

創業約150年の老舗「ホテルイタリア軒」。「新潟の鹿鳴館」と賞賛された本格イタリア料理店が前身で、特に料理の味に定評がある。

☎025-224-5111 MAP折込表G2

ほてるでぃあもんとにいがた

ホテルディアモント新潟

市街中心部に位置し、古町など繁華街への移動が便利。全客室にデュベスタイルの寝具を採用しているのも特徴。また、タオルやアメニティの充実にも定評がある。市街地を中心に旅のプランを立てている場合は好立地だ。

☎025-223-1122 住新潟市中央区本町通6-1099 交バス停本町からすぐ P提携駐車場利用(1泊800円) MAP折込表G2

新潟の人気スポットにアクセス抜群！
ココもチェック

広々としたツインルームは、全室最上階に用意

CHECK
✣1泊朝食付き料金✣
ツインルーム
平日・休前日 8600円～
✣時間✣
IN14時、OUT11時

こだわりの寝具

デュベスタイルの寝具にスローの色合いが客室を洗練空間に。

ほてるおーくらにいがた

ホテルオークラ新潟

萬代橋のたもとにあり、信濃川の景色を楽しめるティーラウンジが評判。窓に萬代橋のライトアップなど夜景が広がる部屋も。ホテルオークラの歴史は一代で財閥を築いた新発田市出身の大倉喜八郎に遡る。

☎025-224-6111 住新潟市中央区川端町6-53 交バス停礎町から徒歩2分 P120台 MAP折込表H2

萬代橋と信濃川を望むシティホテル
ココもチェック

洋室のツインルームのほか、和室もある

CHECK
✣料金✣
シングル 1万6500円～
✣時間✣
IN14時、OUT11時

朝食バイキング

目の前で作る、とろ～りオムレツはシェフの技が光る。

てんねんおんせん たほうのゆ どーみーいんにいがた

天然温泉 多宝の湯 ドーミーイン新潟

天然温泉もあるサウナ付き大浴場と、新潟産コシヒカリを味わえる和洋バイキング(朝食)1800円が魅力。朝食のコンセプトは"免疫力UP！"。ご当地料理や作りたての料理が楽しめる。

☎025-247-7755 住新潟市中央区明石1-7-14 交JR新潟駅から徒歩8分 P80台(1泊1000円) MAP折込表J3

天然温泉をたたえる大浴場で疲れを癒やそう
ココもチェック

10階の男湯からは日本海を見渡すことができる

CHECK
✣宿泊料金✣
平日 9000円～
休前日 1万2000円～
✣時間✣
IN15時、OUT11時

ビューティーバス

多機能なシャワーヘッドで顔や頭皮に刺激と潤いを与える。

新潟グルメや郷土料理を朝食でたっぷり用意してくれるのが各ホテルの特徴です。朝食付きプランをぜひ！

観光列車で海、山、里を縦断 美食と絶景の車窓で非日常

**日本酒王国ならではの美酒の旅、老舗料亭の逸品を堪能、
まるごと新潟の大空間。バラエティ豊かな鉄道旅にハマります。**

上越妙高～十日町・越後湯沢・新潟

こしのしゅくら
越乃Shu*Kura

▶1号車で味わえる弁当と日本酒のセット

車窓風景を肴に地酒を楽しむ列車旅

新潟が誇る「酒」をテーマにした観光列車。日によって「ゆざわShu*Kura（越後湯沢行き）」「柳都Shu*Kura（新潟行き）」と名称と区間を変え運行している。車内には、新潟銘酒が常時5種類楽しめる利き酒コーナーを備えている。旅行商品専用の1号車では酒や食事も提供している。

☎050-2016-1600(JR東日本お問合せセンター) 区間 えちごトキめき鉄道上越妙高駅～JR十日町駅、越後湯沢駅、新潟駅 チケット みどりの窓口、指定席券売機などで購入(1号車は「のってたのしい列車予約サイト」で購入)、詳細はHPで確認 所要時間 約2時間30分～3時間50分 本数 1日1往復 運行日 金～日曜、祝日中心

▲日本海の絶景を眺めながら味わう地酒は格別

▲日本海沿いの景勝地を通り、ビューポイントでは速度を落とす

新潟～ 酒田

かいり
海里

▶上り（復路）は庄内イタリアンが楽しめる

日本海の絶景と美食の二重奏に浸る

「新潟の食」「庄内の食」と「日本海の景観」がテーマ。雄大な眺めとともに料亭一〆などの食事が味わえる。食事付きの4号車は旅行商品専用。新潟市・古町花街にある老舗料亭の料理は手の込んだ繊細な味わい。四季折々にメニューが変わるのでリピーターも多い。山形県・酒田から新潟を結ぶ上りでは珠玉の庄内イタリアンとドルチェを提供。両県の絶景も旅の醍醐味。

☎050-2016-1600（JR東日本お問合せセンター）区間 JR新潟駅～酒田駅 チケット みどりの窓口、指定席券売機などで購入(4号車は「のってたのしい列車予約サイト」で購入)、詳細はHPで確認 所要時間 約3時間30分 本数 1日1往復 運行日 金～日曜、祝日中心

上越妙高～妙高高原～糸魚川

えちごときめきりぞーと せつげっか
えちごトキめきリゾート雪月花

▶ワインのペアリングが楽しめるワインコース

オールメイドイン新潟のリゾート列車

県内産の木材や燕三条の調度品などを用い、新潟の工場で製造された新潟メイドの観光列車。妙高連峰を望む頸城（くびき）平野や日本海沿いを走り抜け、大きな展望窓からは刻一刻と変化する風景を堪能できる。停車駅の直江津駅や二本木駅など、沿線各地で地元の方々からの温かいおもてなしがあり旅に彩りを添える。午前便ではフレンチや和洋中を、午後便では和食を提供している。

☎025-543-8988(えちごトキめきリゾート雪月花お問い合わせセンター) 区間 えちごトキめき鉄道 上越妙高駅～妙高高原駅（折り返し）～糸魚川駅 チケット えちごトキめきリゾート雪月花予約センター・HPから予約 所要時間 約3時間 本数 1日2便 運行日 土・日曜、祝日

▲鮮やかな「銀朱色」の車体が、青い海や雪山、緑の田園によく映える

金銀山400年の歴史と豊かな自然に囲まれた島、佐渡へ

船体を海に浮上させ走るジェットフォイルなら67分の船旅。海、山、田園、冬はパウダースノーのゲレンデも充実！自然あり、グルメありのリトル日本列島とよばれる佐渡は、今も昔も宝物があふれている魅惑の島なのです。

佐渡ってこんなところ

山、海、田園など日本の原風景が凝縮される佐渡。行く先々でフォトジェニックな瞬間に出合えます。

 観光のみどころは6つのエリア

佐渡観光の起点は「両津」ともう一つの港町「小木」。平地の広がる島の中央部の「国中平野」、古刹・史跡の残る「佐和田・真野」。佐渡金山、温泉地「相川・七浦海岸」、そして佐渡最北端、海辺の絶景エリア「外海府」。魅力の6エリアに出かけましょう。

 観光情報をゲットするならココ！

海岸線は約280㎞と意外に広い佐渡。観光名所を効率よくまわるための強い味方が観光案内所。気軽に立ち寄って、地元・佐渡ならではの観光情報を教えてもらいましょう。

問合せ 佐渡観光交流機構佐渡観光案内所
☎0259-27-5000(両津)
☎0259-74-2220(相川)
☎0259-86-3200(小木)

 佐渡での移動はレンタカーがおすすめ

島内は広域にわたり観光名所が点在しています。両津港や小木港から距離のある場所をはじめ、バスの便数が少ない方面へ足を延ばすならレンタカーを借りて、マイペースなドライブ旅がおすすめです。

あいかわ・ななうらかいがん 相川・七浦海岸 

相川は江戸時代から佐渡金山の活況とともに発展してきた場所。史跡 佐渡金山では坑道の一部を公開していて探検家気分を味わえる。また、映画やアニメの舞台を思わせる産業遺産も必見。岩礁が連続する七浦海岸周辺の温泉宿では日本海に沈む夕日を見ながらくつろげます。

ここをチェック

史跡 佐渡金山☞P56
北沢浮遊選鉱場跡☞P57
史跡佐渡奉行所跡☞P66

さわだ・まの 佐和田・真野 2

島の中央に位置する古刹や史跡が多く残るエリア。歴史散策が楽しめる。真野湾沿いの海岸には白浜のビーチが続いていて、心地よい気分に浸れる。

ここをチェック

真野御陵☞P66
尾畑酒造☞P67

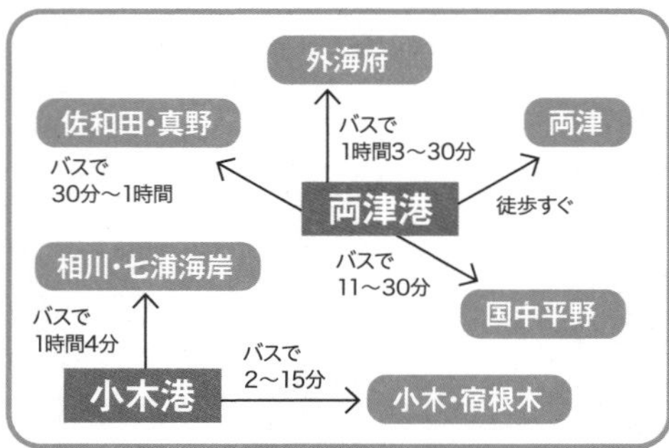

そとかいふ
外海府 3

佐渡北端、島内随一の海辺の絶景エリア。波風の侵食で形成された岩礁群や海に突き出る巨大な一枚岩はアート感満点。

りょうつ
両津 4

フェリーで新潟港と結ばれた佐渡の玄関口で、佐渡随一のグルメタウンです。新鮮な魚介はもちろん、希少な佐渡牛やブランド肉、フルーツ、地酒、そして佐渡産土産など、何でも揃っている。

くになかへいや
国中平野 5

佐渡の中央に広がる平野で、島のシンボル・トキに出合える場所です。至近距離で特別天然記念物と対面する瞬間はドキドキしてしまう！

おぎ・しゅくねぎ
小木・宿根木 6

直江津港とフェリーで結ばれた小木では昔ながらのたらい舟に乗船を。宿根木では江戸時代、回船業の集落として発展した船板壁家屋を見られる。

ここをチェック

力屋観光汽船☞P58
矢島・経島☞P67

日本の原風景を凝縮

“リトル日本列島”ともよばれる佐渡の全貌！

日本海側で最大の島、佐渡は「リトル日本列島」ともよばれます。海、山、平野のエリアがありグルメ、温泉、海&アウトドアレジャーが充実。まさに「宝の島」なのです。

ドライブで島内をぐるりと巡る 車内は潮風の香りでご機嫌に

自家用車やレンタカーで島を一周するのもおすすめです。日本一長い県道45号線、通称「佐渡一周線」に沿って、里山や島の最北端を訪ねてみましょう。

▲稲穂が実った棚田と海とのコントラストが美しい岩首昇竜棚田

所要時間
約6時間

モデルコース

両津港から車で60分

1 岩首昇竜棚田

車で55分

2 トキの森公園

車で55分

3 弾埼灯台

車で8分

4 大野亀

両津港まで車で50分

1 岩首昇竜棚田（いわくびしょうりゅうたなだ）

標高350mを超える 山間に広がる棚田

江戸時代からこの形状が受け継がれた田園。約460枚に上る。変わった形の田んぼが多く、機械ではなく人の手で棚田保全がされている。

▲朝日に照らされる棚田もまた幻想的

☎0259-27-5000(佐渡観光交流機構)
住佐渡市岩首 時休見学の際は佐渡観光交流機構が企画する「エンジョイプラン」にご参加下さい(https://www.enjoysado.net) 交両津港から車で50分 Pなし MAP折込裏B3

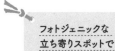

フォトジェニックな
立ち寄りスポットで
海を感じよう

浅瀬の真野湾に架かる「あめやの桟橋」。桟橋の先から海面まで約227cm。SNS映えスポットとして話題だ。淡薄ブルーのさざ波を桟橋の先端で独り占めできる。 ☎0259-27-5000（佐渡観光交流機構）MAP 折込裏E4

2 トキの森公園（ときのもりこうえん）

特別天然記念物とご対面

国の特別天然記念物であるトキの、飼育・自然繁殖を行うトキふれあいプラザとトキ資料展示館からなる。ビオトープケージからマジックミラー越しにトキを観察できる。

☎0259-22-4123
住佐渡市新穂長畝383-2
¥入園400円 ⏰8:30～17:00(最終入園16:30)
休無休(12～2月は月曜休園) 交バス停両津港から新潟交通佐渡バス南線で18分、トキの森公園下車すぐ P67台
MAP 折込裏G3

▲希少なトキを間近で見られる

3 弾埼灯台（はじきざきとうだい）

佐渡最北端、朝日と夕陽を望む岬の灯台

大正8年（1919）に建てられ、平成2年(1990)に再建された灯台。佐渡最北端にあり、日の出やサンセットの美しいビュースポットとして人気。

▲江戸時代に砲台が築かれていた地に立つ。見学は外観のみ

☎0259-27-5000（佐渡観光交流機構）住佐渡市鷲崎289-1 ¥⏰休見学自由 交バス停両津港から新潟交通佐渡バス内海府線で1時間、藻浦入口下車、徒歩5分 Pなし MAP 折込裏B1

4 大野亀（おおのがめ）

高原植物に彩られた遊歩道を散策

巨大な亀のような形をした標高約167mの一枚岩。5月下旬～6月上旬には約100万本のトビシマカンゾウが咲き誇り、黄色いじゅうたんが広がる。一帯には遊歩道が整備され、多くの観光客で賑わう。

☎0259-27-5000（佐渡観光交流機構）住佐渡市願 ¥⏰休見学自由 交バス停大野亀から徒歩2分 P20台 MAP 折込裏B1

▲周辺の二ツ亀には海水浴場もある

◀海と花々が織りなす壮大な光景が広がる

歴史ロマンに満ちた 佐渡金山の跡を巡りましょう

広大な敷地に点在する遺構は佐渡の金銀山の歴史を伝えています。
往時の様子を垣間みられる観光コースや、砂金を加工してもらえる体験もあります。

しせき さどきんざん
史跡 佐渡金山

世界遺産登録を目指す 歴史の舞台を探検する

日本最大級の鉱山跡。定番の宗太夫坑(そうだゆうこう)コース(所要約30分)では、江戸時代の手掘り坑道や、からくり人形で当時を再現した採掘跡などを見学できる。巨大金塊にさわれる金山資料館も必見。

☎0259-74-2389(ゴールデン佐渡) 住佐渡市下相川1305 ¥宗太夫坑コース・道遊坑コース各1000円(共通券1500円)など 🕒8時～17時30分(11～3月8時30分～17時、入場は閉館40分前まで) 休無休 交両津港から車で1時間(季節や曜日によりバス停両津港(佐渡汽船)から直通バスあり、詳細は要問合せ) P500台 MAP折込裏A2

右入口が宗太夫杭コース、左が道遊杭コース

どうゆうのわりと
道遊の割戸

佐渡金山のシンボル。巨大な金脈を掘り進むうちに山がV字に割れたようになった。山頂部の割れ目は幅約30m、深さ約74mにも達する

そうだゆうこう
宗太夫坑

江戸時代初期に開削された手掘りの坑道で国史跡。『江戸金山絵巻』に描かれている採掘作業の様子を動く人形たちが再現

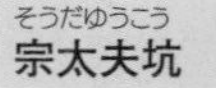

人形たちのユーモラスなセリフにも注目

「やわらぎ」という山の神に祈りを捧げる儀式の場面

どうゆうこう
道遊坑

明治32年(1899)に開削された機械掘杭道。国重文、国史跡に指定されている

坑道の先では道遊の割戸を間近で見ることができる

金山資料館で金塊の重さを実感

きたざわふゆうせんこうばあと
北沢浮遊選鉱場跡

**アニメの背景画を彷彿
鉱山業の近代化に貢献**

鉱石を選り分ける設備が集まっていた地で、東洋一の選鉱場とよばれていた。現在はかつての工場跡や発電所跡が残る廃墟群。朽ち果てた建物がツルやツタに覆われた光景は、物語の舞台を思わせる非日常感。

☎0259-74-2389(ゴールデン佐渡) 住佐渡市相川北沢町3 ¥◷休散策自由 交バス停相川から徒歩10分 P10台 MAP折込裏A2

きたざわてらす
北沢 Terrace

窓やテラスから選鉱場を望むカフェ。佐渡島黒豚を使った洋食のほか、佐渡乳業のソフトクリームなどのテイクアウトも充実。

☎0259-58-7085 住佐渡市相川町北沢2 ◷11～17時、18時～20時30分(夜の部は予約制) 休水曜 交北沢浮遊選鉱場跡に隣接 P30台 MAP折込裏A2

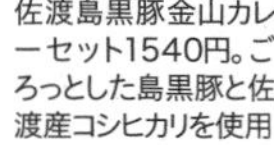

佐渡島黒豚金山カレーセット1540円。ごろっとした島黒豚と佐渡産コシヒカリを使用

2月下旬～4月下旬の夜にはカラフルなLEDを利用したライトアップが行われる

さどにしみかわごーるどぱーく
佐渡西三川ゴールドパーク

**金採掘があった歴史を
砂金とり体験で実感**

佐渡最古と伝わる「西三川砂金山」跡地に立つ体験型資料館。スタッフの親切な説明を聞いて、砂をすくって丁寧に振っていると砂金が見つかる。所要時間は約40分。とった砂金はペンダントなどに加工してもらうこともできる。

☎0259-58-2021 住佐渡市西三川835-1 ¥入館1200円(体験料含む) ◷9時～16時30分 休無休 交小木港から車で20分 P210台 MAP折込裏A3

キラリと光る砂金を見つけ大興奮

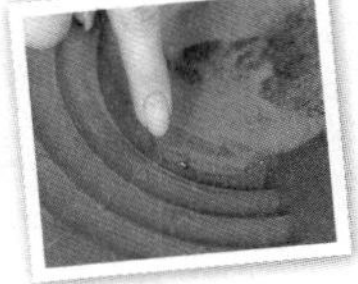

おおまこう
大間港

**佐渡金山の発展を支えた
鉱物が積み出された港跡**

鉱石など資材の搬出入を目的に明治時代中期に築港。貨物を運ぶトロッコが通った橋“ローダー橋脚”などが残り国史跡に指定。

☎0259-74-2389(ゴールデン佐渡) 住佐渡市相川柴町16 ¥◷休見学自由 交両津港から車で約50分 Pなし MAP折込裏A2

美しい夕日が見られるスポットとしても知られている

金山資料館の金塊は約12.5kgでおよそ1億円！ 取り出しに成功すると純金箔カードがもらえます。

佐渡で体験&アクティビティ 海から感じる島時間

青く透明な佐渡の海は岩礁が多い場所、溶岩でできた半島や美しい渚など、さまざまな表情が見られます。舟を操縦したり潜ったり、海遊びを満喫しましょう！

りきやかんこうきせん

力屋観光汽船

伝統のたらい舟に揺られて海上散歩

岩礁の多い小木海岸でサザエやワカメをとるため考案された、洗濯桶を改良したたらい舟に乗船できる（予約不要）。乗船時間は約10分。途中で船頭さんに代わってもらい自分でも操縦してみよう。

☎0259-86-3153 住佐渡市小木町1935 ¥乗船700円 ⏰8時30分～17時（冬期は変動あり、要問合せ）休無休 交バス停小木からすぐ P100台 MAP折込裏A3

▶みやげ処や食事処も併設

▲直径は180cmほど。小さくても安定感がある

おぎだいびんぐせんたー

小木ダイビングセンター

シーカヤックに乗って神秘的な「青の洞窟」へ

半島全体が溶岩でできた佐渡島の小木半島をシーカヤックで探検。半島の自然を楽しみ、青の洞窟とよばれる竜王洞を見学。

☎0259-86-2368 住佐渡市琴浦225-2 ¥6600円～ ⏰4～10月8～17時 休期間中無休 交小木港から車で5分 P50台 MAP折込裏A3

シー カヤック

▲オーシャンブルーの海水が美しい青の洞窟。四季折々の半島風景も魅力。

◀青の洞窟内に夜光虫がきらめく風景を楽しめるナイトツアーも実施。7・8月の2カ月間限定

Photo: Yoshiyuki Ito

佐渡金山が最新技術で幻想的に変身！

佐渡金山の坑道内で体験できるアトラクション「ISLAND MIRRORGE」。最先端技術の「MRグラス」とプロジェクションマッピングによる演出で歴史遺産が神秘的な空間に。
☎0259-74-2389(ゴールデン佐渡)

せんかくわんあげしまゆうえん
尖閣湾揚島遊園

奇岩怪石が続く“天下の絶景”を観賞

「日本の渚百選」にも選ばれた島内屈指の景勝地。一帯には入り組んだ断崖や奇岩が点在し、展望台や海中透視船（15分1400円）などから雄大な眺めを楽しめる。☎0259-75-2311（尖閣湾揚島観光）住佐渡市北狄1561 ¥入園500円 ⏰8時30分～17時30分（季節により変動あり）休無休 交バス停両津港（佐渡汽船）から新潟交通佐渡バス本線で1時間、佐渡市相川支所下車、海府線に乗り換え20分、尖閣湾揚島遊園下車すぐ P150台 MAP折込裏A2

グラスボート

▲ガラス張りの船底から海中が眺められる海中透視船

▲地質学の権威・脇水鉄五郎が「天下の絶景」と称した地

しょー ばい じょーず
Show by JAWS

朝から夜まで好みの時間に参加

達者海水浴場を拠点としたシーカヤックとサップの体験スポット。1日5ツアーのなかから好きな時間帯が選べる。少人数制で初心者でも気軽に参加できる。☎070-4428-0938 住達者海岸現地集合 ¥SUP体験ツアー8500円～ ⏰7～21時(季節により異なる)の間で1日5ツアー 休不定休 交バス停尖閣湾達者からすぐ P7台 MAP折込裏A2

サップ

▲カヤックの貸切ツアーでプライベートな時間も充実

▲SUP夕方ツアーでは水平線に沈む夕日を楽しむこともできる

だいびんぐしょっぷあんどさーびす ふりーうぇい
ダイビングショップ&サービス フリーウェイ

佐渡の海の美しさを堪能しよう

体験ダイビングなどの各種コースを開催。初心者OKの体験ダイビング（現地集合）は所要約3時間、10歳以上受付。前日までに要予約。

☎0259-52-5781 住佐渡市東大通1211-3 ¥体験ダイビング1万4500円など ⏰10～20時(体験時間は予約時に要確認) 休無休 交バス停東大通からすぐ P8台 MAP折込裏E4

▲穏やかで透明度の高いことで知られる佐渡の海を、初心者でも楽しめる

▲イシダイの子どもはとても好奇心が旺盛で、一緒に戯れることもできる

ダイビング

佐渡の玄関口である両津港すぐに「佐渡アウトドアベース」があり、レンタサイクルやアクティビティなどの受付ができます。

島の幸をふんだんに使った佐渡グルメをいただきます

日本海の好漁場として知られる佐渡では、希少なブランド牛や名産品の米を使った日本酒など、地産グルメがたくさんあります。

長三郎鮨（ちょうざぶろうずし）

天然ブリがとろける佐渡の恵みが詰まった丼

仲買を通さずに、漁師から直接新鮮な魚介を仕入れて提供する人気寿司店。冬の名物は分厚い寒ブリがたっぷりの上ブリ丼。甘みが強い佐渡産の減農薬コシヒカリとも相性抜群だ。

☎0259-22-2125 住佐渡市新穂81-4 ⏰11～21時LO 休第2・4月曜、第1・3・5日曜（変動あり）交バス停両津港から新潟交通佐渡バス佐和田バスステーション行きで20分、新穂下車すぐ P14台 MAP折込裏G4

1 上ブリ丼2200円。脂がのった天然寒ブリの腹と背だけを使用。11月下旬～1月下旬限定。2 刺身盛り合わせ2500円～。写真は冬のもので、寒ブリの腹と背の部分とアオリイカ 3 地元で長く愛される寿司店。メニューも豊富

La Plage（らぷらーじゅ）

佐渡島黒豚を本格フレンチで堪能

フランスで修業をしたシェフが料理を振る舞う旅館「Ryokan浦島」直営のレストラン。絶妙な火入れで肉汁が閉じ込められた島黒豚は絶品だ。佐渡の無名異焼（むみょういやき）をはじめ、こだわりの器にも注目。

☎0259-57-3751 住佐渡市窪田981-3 ⏰11時30分～14時、18時～21時30分 休不定休（要問合せ）交バス停佐和田バスステーションから徒歩3分 P40台 MAP折込裏E4

1 魚と肉のメイン2皿を含め合計6品付くランチコースLa Plage5500円。繊細なソースが素材本来の風味を引き立てる 2 建築家・内藤廣氏が設計した建物の1階にある 3 店内はガラス張りになっており、海の様子を眺められる

幻のブランド肉
佐渡牛の上質な脂
甘い風味も絶品

日本海の潮風にあてられたミネラル豊富な草と無農薬の稲を食べて育つ銘柄牛。流通数が少なく、島外ではなかなか食べられない。生まれも育ちも佐渡産で、口に運ぶと甘く上品な風味とトロける脂が絶妙。

さどべんけい さどほんてん
佐渡弁慶 佐渡本店

さばきたての旬ネタ揃い こだわり満載の回転寿司

佐渡漁港からその日仕入れた地物を中心に、その日のうちにさばいて提供。シャリには契約農家の佐渡産コシヒカリを使用し、塩気を抑えたオリジナル醤油にもこだわる。

☎0259-52-3453 住佐渡市東大通833 ⏰10時30分～21時 休火曜 交バス停東大通から徒歩2分 P100台※席の予約不可 MAP折込裏F4

1のどぐろ 572円。脂のうま味が濃厚な皮部分をさっと炙ったノドグロは、夏におすすめ 2南蛮エビ 440円。とろりとして甘い南蛮エビは冬が旬 3カウンターのほか小上がり席などもある

1佐渡牛のサーロインステーキ120g5000円。佐渡牛のなかでも希少なサーロインを、注文後にカット。脂の甘みや肉のコクを感じられる一皿 2無農薬自家焙煎 珈琲やたんぽぽ珈琲各473円も人気

れすとらん こさど
レストラン こさど

口の中に極上の脂が広がる 幻のステーキを堪能

40年以上続く老舗洋食店。自慢の佐渡牛のサーロインステーキは、肉のうま味を感じられる塩コショウかやさしい味のデミグラスで味わう。

☎0259-55-4004 住佐渡市真野新町275-2 ⏰11～14時、17～21時 休火曜夜、水曜 交バス停真野新町から徒歩3分 P30台 MAP折込裏F5

こみんかしょくどうあんどいざかや もちだや
古民家食堂&居酒屋 持田家

鮮魚店直営の古民家居酒屋 鮮度抜群の魚介で晩酌

創業約50年の鮮魚店が営む定食店。夜は居酒屋に変わり、佐渡の地酒と鮮魚店で仕入れた新鮮な魚を堪能できる。バイ貝の煮付けは辛口の酒と合わせると磯の香りがふくらむ。

☎0259-67-7268 住佐渡市相川1-7 ⏰11～14時、18～21時（LOは各閉店30分前）休日曜の夜、月曜 交バス停相川から徒歩5分 P4台 MAP折込裏A2

1自家製のイカの一夜干し(時価)など鮮魚店ならではの酒肴とともに、スッキリとしたキレとコクのある地元酒造の金鶴を 2昼間は魚介をメインにした定食メニューを提供している

米どころでも有名な佐渡産の酒造好適米と、佐渡の山々が生む良質の水で仕込んだ日本酒。地元食材とともに堪能しましょう。

眺望に癒やされながら島カフェでゆったりくつろぎタイム

リゾートムードに包まれたカフェが点在しているのも佐渡の魅力。
目の前に大海原が広がる開放的な風景を眺めながら、島時間を過ごしましょう。

▲白パラソルが映えるテラス席が絶景ポイント

真野

しまふうみ

しまふうみ

海を望むテラス席が自慢 ベーカリー併設の絶景カフェ

真野湾に面したロケーション自慢のカフェ。自家製天然酵母の焼きたてパンをはじめ、手作りスイーツやランチも提供。西三川産りんごジュース400円など佐渡産素材を使ったメニューも充実。

☎0259-55-4545 住佐渡市大小105-4 ⏰10～16時 休水曜 交両津港から車で40分 P25台 MAP折込裏E6

塩バターパン 180円
パンは職人が小麦から厳選して店内で焼き上げる。コーヒーとの相性も抜群。

▲パンや手作りサンドイッチはテイクアウトもOK

▶駐車場のある高台からも海が望める

周囲約17km
県内最大の湖
加茂湖から大佐渡
山脈が望めます

海水が流れ込む汽水湖で、カキの養殖が盛んに行われている加茂湖。かつて歌にも詠まれた風情ある景色を眺めながら、湖畔散策も楽しめる。
☎0259-27-5000（佐渡観光交流機構）MAP折込裏H2

両津
かもこ かふぇ こあそび
caMoco café 湖ASOBi

湖の景色とともにいただく オーガニックな佐渡グルメ

加茂湖畔に立つ築50年ほどの舟小屋をリノベーションしたカフェ。加茂湖でとれたカキ料理をはじめ、佐渡産の食材にこだわったオーガニックなメニューを提供している。佐渡随一の絶景を楽しみながら過ごせる。

☎0259-67-7467 住佐渡市原黒553-28 ⏲11～22時 休水曜、木曜 交両津港から徒歩7分 P8台 MAP折込裏H2

あきつ丸直送殻付
牡蠣蒸し焼き 1500円
カキは店のすぐ前でとれた加茂湖産

▶正面の窓から、加茂湖越しに大佐渡山脈を一望できる

ランチコース
4200円～
旬の食材のメイン料理に地場野菜のスープなどが付く

▲コースのデザート（一例）。レストランの前には真野湾ビューが広がる

佐和田
せいすけ ねくすと どあ
SEISUKE next door

海を眺めながら佐渡食材の 絶品ランチを堪能する

真野湾に面したオーシャンビューの複合施設「Guest Villa on the 美一」に入るカフェレストラン。フランスやシドニーでの活躍経験をもつシェフが、佐渡産食材を用いてフレンチ・イタリアンを提供する。要予約。

☎0259-58-7077 住佐渡市河原田諏訪町207-76 ⏲11時30分～14時30分、18～21時 休水曜 交両津港から車で35分 P4台 MAP折込裏E4

▲大きな窓が開放的な1階のレストラン

西洋梨「ル レクチエ」は佐渡羽茂の特産品。上品な甘みや香りが特徴で栽培が難しいことから「幻の西洋梨」とも呼ばれています。

島みやげはメイドイン佐渡 目移りするほど魅力的です

魚介、肉、お米にスイーツ、乳製品。佐渡の恵みに育まれた美食の島ならではのラインナップ。素材のよさがわかる逸品をおみやげにしましょう。

まるごと佐渡
1本1000mℓ 950円 ※2023年4月時点
佐渡・西三川産を中心に糖度の高いリンゴを集め、まるごと搾汁機にかけた美味しくて栄養たっぷりのジュース。A

クリームチーズドーナツ
1個200円 ※2023年4月時点
新鮮な牛乳で作る佐渡乳業の濃厚クリームチーズをたっぷり使用。やさしい甘さの焼きドーナツ。A

ワダコメ手造りかりんと
1袋380円 ※2023年4月時点
糖衣をつけずに素揚げすることで非常に固い食感に。添加物を使用せず手作りしている。A

須田嘉助商店一夜干しいか
2枚入り1800円 ※2023年4月時点
佐渡産の真イカを使用。絶妙な塩加減によって素材のうま味を引き出し、天日干しで仕上げる。A

トキのお米ロール（フルーツ入り）
1404円
特別栽培米佐渡産コシヒカリ「朱鷺と暮らす郷」を使用した米粉生地のロールケーキ。B

佐渡の名産品が手に入る

さどきせんりょうつたーみなるばいてん

A 佐渡汽船 両津ターミナル売店

☎0259-27-5673 住佐渡市両津湊353 シータウン商店街2階 ⏰8～17時(冬期は～16時、変動あり) 休無休(冬期休業あり) 交両津港佐渡汽船ターミナル直結 Pなし MAP折込裏H2

佐渡スイーツが勢揃い

しまや さわだばいぱすてん

B しまや 佐和田バイパス店

☎0259-57-1020 住佐渡市窪田121-3 ⏰9～18時 休不定休 交両津港から車で30分 P4台 MAP折込裏E4

サラミのことならおまかせ

へんじんもっこ おおのこうじょう

C へんじんもっこ 大野工場

☎0259-22-2204 住佐渡市新穂大野1184-1 ⏰9～17時 休不定休 交バス停新穂小学校前から徒歩10分※運転手に「へんじんもっこ前」と伝えれば目の前で停車可 P3台 MAP折込裏G4

「日本一おいしい」コシヒカリをおみやげに

ご飯が白くて艶があること、粘り、かすかな甘みと香りが多いこと―。「日本一おいしい」といわれる新潟産コシヒカリの特徴です。佐渡汽船両津ターミナル売店では「相田家産佐渡スーパーコシヒカリ」(300g380円 ※2023年4月時点) を取り揃えています。

クリームサラミ
1本1350円
上質な脂を使用したスプレッドタイプのサラミ。ペースト状のとろける食感。パンなどにつけて。C

たまとろサラミ
1本1490円
ノンスモークでやわらかい食感の生サラミ。本場ドイツのコンテストでも入賞歴あり。C

shima cheese(干柿入り)
1個972円
佐渡産牛乳を使ったチーズケーキに、特産のおけさ柿が入ったケーキ。プレーンは918円。D

おけさぽてと
5個入り972円
佐渡産のサツマイモを使用。素材本来の風味と食感を生かすため、生地は甘さ控えめに。D

佐渡牛乳
500mℓ 175円
200mℓ 100円
トキパックがかわいいご当地牛乳。飲んだ後にパックを開くとトキが羽を広げる細工も。E

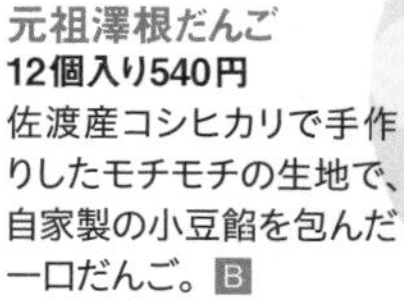

元祖澤根だんご
12個入り540円
佐渡産コシヒカリで手作りしたモチモチの生地で、自家製の小豆餡を包んだ一口だんご。B

全粒粉100%ドイツパン
1個 514円
食物繊維が豊富な無添加パン。じっくりと発酵させ、深い味わいに。一見硬そうだが、しっとりした食感。F

ハイセンスな佐渡みやげ

ぷちどーる
D プチドール

☎0259-57-2288 住佐渡市河原田諏訪町182-8 ◷8時30分～19時 休不定休 交バス停河原田諏訪町からすぐ P3台 MAP折込裏E4

ご当地牛乳は必見

かぶしきがいしゃさどにゅうぎょう みるく・ぽっと
E 株式会社佐渡乳業 みるく・ぽっと

☎0259-63-3151 住佐渡市中興122-1 佐渡乳業本社内 ◷10～16時 休無休(11～3月は水曜定休) 交両津港から車で21分 P20台 MAP折込裏F4

女性を中心に人気

ぽっぽのぱん
F ポッポのパン

☎0259-66-4124 住佐渡市猿八174-5 ◷7時30分～9時 休火・木・土・日曜 交両津港から車で38分 Pなし MAP折込裏G6

生乳に近い風味の佐渡牛乳は島の小中学校で給食にも出る佐渡っ子愛飲の味。

ココにも行きたい

佐渡のおすすめスポット

春日崎〜二見

七浦海岸（ななうらかいがん）

独特の海岸で夕陽が美しいポイント

岩礁が連続する七浦海岸。写真の夫婦岩は夕日の名所としても人気が高い。DATA ☎0259-74-2220（佐渡観光交流機構相川観光案内所）住佐渡市相川大浦・高瀬など 時休散策自由 交バス停相川から新潟交通佐渡バス二見・佐和田方面行きで春日崎5分、夫婦岩前10分、橘長手岬15分、台ヶ鼻灯台21分 P周辺駐車場利用 MAP折込裏A2

相川

史跡佐渡奉行所跡（しせきさどぶぎょうしょあと）

文献や絵図をもとに佐渡奉行所を復原

江戸時代の佐渡奉行所に関する貴重な資料を展示。お白州（しらす）や金銀製練過程の体験コーナー「勝場（せりば）」なども設けられている。DATA ☎0259-74-2201 住佐渡市相川広間町1-1 ¥入館500円 時8時30分〜17時（最終入館16時30分）休無休（年末年始を除く）交バス停佐渡版画村から徒歩2分 P10台 MAP折込裏A2

外海府

平根崎（ひらねざき）

海岸に甌穴が点在する奇景

相川地区北部の海岸。巨大な岩盤の上に「波蝕甌穴群（はしょくおうけつぐん）」とよばれる大小無数の穴が見られる。波が引くときに、岩の上の小石が激しく渦を巻くことによってできたもので、数の多さでは世界有数。国の天然記念物に指定されている。DATA ☎0259-74-2220（佐渡観光交流機構相川観光案内所）住佐渡市戸中 ¥時休散策自由 交バス停平根崎からすぐ P10台 MAP折込裏A2

金井

SHIMAYA CAFE（しまや かふぇ）

老舗和菓子店のおしゃれカフェ

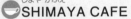

和菓子店・しまやが営むカフェ。パフェやケーキ、澤根だんごなどスイーツ、佐渡産米粉で作ったパスタ935円〜が好評。DATA ☎0259-63-4338 住佐渡市千種141-7 時10〜19時（ランチ11時〜14時30分）休不定休 交バス停両津港（佐渡汽船）から新潟交通佐渡バス本線・海府線などで27分、佐渡病院前下車すぐ P2台 MAP折込裏F4

真野

La Barque de Dionysos（ら ばるく どぅ でぃおにぞす）

注目のワインビストロ

ナチュラルワインと佐渡の旬の食材を使ったビストロで、無農薬で育てた野菜や佐渡で水揚げされた魚を使った料理を提供している。完全予約制で予約は2日前までにメールやSNSから。DATA ☎なし 住佐渡市真野新町327-1 時19〜22時(要予約) 休日〜水曜(11〜3月は日曜) 交両津港から車で35分 P5台 MAP折込裏F5

国中平野

牛尾神社（うしおじんじゃ）

杉林に囲まれた能舞台をもつ神社

延暦11年（792）の創建。境内に明治34年（1901）再建の能舞台がある。瓦葺きの屋根で正面は入母屋造り。佐渡の能舞台のなかでは最大級とされる。彫刻の見事な社殿と併せてじっくり見学を。DATA ☎0259-27-5000 住佐渡市新穂潟上2529 ¥時休境内自由 交バス停天王下から徒歩10分 P5台 MAP折込裏H3

国中平野

長谷寺（ちょうこくじ）

佐渡の新名所・ウサギ観音にご注目

大同2年（807）開基の古刹。境内のウサギ観音が話題。DATA ☎0259-66-2052 住佐渡市長谷13 ¥時休境内自由（展示室は見学無料、要予約）交バス停畑野十字路から新潟交通佐渡バス岩首線で4分、長谷下車すぐ P30台 MAP折込裏G5

真野

真野御陵（まのごりょう）

悲劇の順徳上皇（天皇）を偲ぶ

正式には順徳天皇（じゅんとくてんのう）御火葬塚（おかそうづか）。順徳上皇（天皇）は承久3年（1221）の承久の乱（じょうきゅうのらん）で佐渡に配流。仁治3年（1242）に、この地で生涯を終えている。DATA ☎0259-27-5000 住佐渡市真野457 ¥時休拝観自由 交バス停真野新町から新潟交通佐渡バス小木線で3分、真野御陵入口下車、徒歩10分 P30台 MAP折込裏F5

佐和田

佐渡博物館（さどはくぶつかん）

佐渡の魅力を徹底解剖するミュージアム

佐渡の自然、考古、歴史、美術、芸能などを総合的に紹介。金銀山の開発や江戸幕府の直轄統治、北前船交易などによって育まれた独自の文化が興味深い。DATA ☎0259-52-2447 住佐渡市八幡2041 ¥入館500円 時8時30分〜17時 休無休（年末年始を除く）交バス停佐渡博物館前からすぐ P20台 MAP折込裏F5

小木

やじま・きょうじま
矢島・経島

伝説の舞台となった2つの島

源頼政の「ぬえ退治」の矢ゆかりの矢島と、日蓮聖人の弟子・日朗が読経した経島。たらい舟体験（乗船600円）も。DATA☎0259-86-3200 住佐渡市小木 ¥営休見学自由 交バス停矢島入口から徒歩10分 P10台 ※たらい舟体験（11～3月は休業）は☎0259-86-2992（矢島体験交流館）へ MAP折込裏A3

真野

おばたしゅぞう
尾畑酒造

試飲ができる老舗酒造

銘酒・真野鶴で知られる醸造元。酒造りの工程を映像で知ることができるほか、昔の蔵を改装したショップでは、蔵元限定酒や季節の日本酒などさまざまな酒を試飲、購入することができる。 DATA☎0259-55-3171 住佐渡市真野新町449 ¥見学無料 営9～16時 休無休 交バス停真野新町から徒歩10分 P20台 MAP折込裏F5

七浦海岸

さどしーかやっくくらぶ
佐渡シーカヤック倶楽部

相川地区の海岸でアクティビティに挑戦

シーカヤックのツアー（要予約）を催行。DATA☎0259-74-2451/080-1082-6930 住佐渡市相川下戸町81 ¥体験ツアー5500円など 営4～10月体験ツアーは9時～、13時30分～（所要約2時間30分）休期間中無休 交バス停両津港（佐渡汽船）から佐渡交通バス本線相川行きで50分、相川下戸下車、徒歩3分 P2台 MAP折込裏A2

宿根木

いわやさんせっくつ・まがいぶつ
岩屋山石窟・磨崖仏

洞窟の壁に8体の磨崖仏が点在

宿根木集落の北東約500mに位置する洞窟。入口前に88体の石の観音像が並ぶ大きな洞窟に入ると、中央に囲炉裏があり、奥に観音像を安置する祠が。内部の壁面に彫られた磨崖仏は弘法大師の作と伝えられている。DATA☎0259-86-3200 住佐渡市宿根木 ¥営休拝観自由 交バス停宿根木新田から徒歩15分 Pなし MAP折込裏A3

佐和田

あん ぐらん ぱ
Un Grand Pas

佐渡魚介や地野菜のフレンチランチ

地元の食材を生かしたカジュアルレストラン。人気のTODAY'S SPECIALは、その日最もオススメの地魚が主役。パンは店内で手作りし、野菜、牛乳、米は佐渡産を使用。DATA☎0259-52-7878 住佐渡市中原598-1 営11～14時（13時30分LO）、17～21時（20時30分LO）休月曜、火曜 交バス停鍛冶町中原から徒歩3分 P30台 MAP折込裏E4

相川

いたまえのみせ たけや
板前の店 竹屋

佐渡伝統の漁師料理が味わえる

元漁師の店主が腕をふるう老舗。イカのゴロ焼き2人前2400円は昔からの漁師料理をアレンジした逸品。DATA☎0259-74-3328 住佐渡市相川1-5-3 営11～14時（13時30分LO）、18～22時（21時30分LO）休日曜の夜、木曜 交バス停相川から徒歩5分 P4台 MAP折込裏A2

両津

うおはるずし
魚春寿司

佐渡の魚介を盛り込んだ極み寿司が評判

佐渡の旬の魚介や無農薬野菜などにこだわる寿司店。店主おすすめは「極み」3300円。そのほか握り1000円～や一品料理も充実。人気店なので予約がベター。 DATA☎090-3312-1463 住佐渡市両津夷197-1 営11時～23時30分（ネタがなくなり次第終了）休不定休 交両津港から徒歩8分 P10台 MAP折込裏H2

相川

たいしゅうかっぽう なかしょう
大衆割烹 中庄

地場産魚介たっぷりの海鮮丼が名物

佐渡で水揚げされた魚介を、刺身や彩り豊かな松花堂弁当（要予約）2500円などで提供。佐渡産コシヒカリにこだわり味噌汁にも相川味噌を使用。 DATA☎0259-74-3901 住佐渡市相川2-1 営11時30分～14時、17～22時 休日曜（8名以上で予約の場合は営業）交バス停相川から徒歩6分 P10台 MAP折込裏A2

越の長浜

ながはまそう
長浜荘

漁師から直接仕入れた新鮮魚介

店内に生簀を備える店。漁師から直接仕入れた魚介を使用した、ネタのあふれる海鮮丼2300円や刺身定食2000円が人気。 DATA☎0259-55-2511 住佐渡市大須1021-1 営11時～13時30分LO 休不定休 交バス停佐和田バスステーションから車で20分 P30台 MAP折込裏E6

牛尾神社では毎年6月12日の例祭で薪能が奉納されています。佐渡牛尾神社能舞台は新潟県指定有形民俗文化財です。

日本海を一望の絶景の宿&海と山の滋味あふれる宿

水平線から昇る朝日と、海原を黄金色に変えてゆっくりと沈む夕日。
オーシャンビューの温泉宿、地産地消の恵みの宿で癒やしの時間を過ごしましょう。

両津

ときでんせつとろてんぶろのやど きらく

朱鷺伝説と露天風呂の宿 きらく

加茂湖を望む高台に立つホテル

別棟に備わる露天風呂「朱鷺の舞湯」と貸切露天風呂「湯楽長屋」(無料)が評判の温泉宿。紅ズワイガニをはじめ、地元でとれた海鮮が味わえる夕食の膳も楽しみ。☎0259-27-6101 住佐渡市原黒658(しいざき温泉) 交両津港から車で4分(送迎あり、要予約) P40台 ●鉄筋4階建て ●全31室 ●泉質:ナトリウム塩化物泉 ●風呂:内湯2 露天2 貸切3 MAP折込裏H2

料金(1泊2食付)
- 平日・休前日 1万1700円~
- IN 15時 OUT 10時

1「朱鷺の舞湯」から加茂湖を望む 2佐渡近海の海の幸を使った料理を味わえる。お米は佐渡産コシヒカリ特上米を使用

相川

いさりびのやど どうゆう

いさりびの宿 道遊

景勝地に位置する絶景温泉宿

全客室から日本海を一望できる。大浴場では「日本の夕陽百選」にも選ばれている絶景とイカ釣り漁の漁火を同時に眺めることができる。料理は佐渡産の食材を使用。天然醸造調味料と有機野菜を使用した海鮮料理が自慢。
☎0259-74-3381 住佐渡市相川鹿伏333-1 交バス停きらりうむ佐渡 P30台 ●木造2階建て ●全8室 ●泉質:単純温泉(弱アルカリ性低張性温泉) ●風呂:内湯2 MAP折込裏A2

料金(1泊2食付)
- 平 日 1万1150円~
- 休前日 1万2250円~
- IN 15時 OUT 10時

1ヘルシー魚介料理が魅力 2客室では、波音を聞きながらゆったりくつろぐことができる

宿根木

おんやど はなのき

御宿 花の木

古民家でまったりくつろげる

古民家を移築した宿。約2000坪の敷地に母屋2室と離れ5室が点在する造り。海と山に囲まれ、自然を満喫することができる。料理は地元の食材をふんだんに盛り込んでおり、体にやさしい食事を味わえる。近くの小木の海にはダイビングや釣りのポイントもたくさんある。☎0259-86-2331 住佐渡市宿根木78-1 交バス停宿根木新田から徒歩3分 P25台 ●木造1階建て ●全7室 ●風呂:部屋風呂のみ、車で約5分の場所に系列の温泉施設がある MAP折込裏A3

料金(1泊2食付)
- 平日・休前日 1万3200円(夏に変動あり)
- IN 15時 OUT 10時

1五感に響く宿。満天の星を眺めながらゆったりとした時間を楽しめる 2江戸時代後期の民家

 源泉かけ流し 部屋食 エステあり 禁煙ルームあり 大浴場あり ひとり宿泊OK

温泉、ドライブ、アート、自然…
上・中・下越の楽しみ方は多彩です

海水浴場と絶景、高原エリアの上越で海と山を感じて、
美しい里山が広がる中越ではものづくりと里山アートに触れ、
城下町のたたずまいを今に残す下越ではしっとりまち歩き……。
足を延ばすたび新潟って深すぎて、もっともっと知りたくなります！

新潟タウンから
ひと足延ばして

車でスイスイ、列車に乗って鉄道旅。どのエリアにもスマートにアクセスできるのが魅力です。

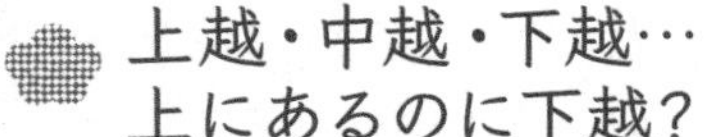

上越・中越・下越…
上にあるのに下越？

はじめて新潟を旅する方には、「あれ？ 下越が新潟タウンなの…」と、ちょっと戸惑ってしまいそう。京が都にあったころ、距離的に近い順に、上越・中越・下越と呼ばれ今に至るのです。

広い新潟をたっぷり
遊び尽くしましょう!

県内の高速道路や幹線道路は道幅が広く、車での移動がストレスフリー。また、日本海の絶景をはじめ豊かな田園地帯や高原のさわやかな風を感じる鉄道での旅もおすすめです。ひと足延ばした先には別世界が待っています。

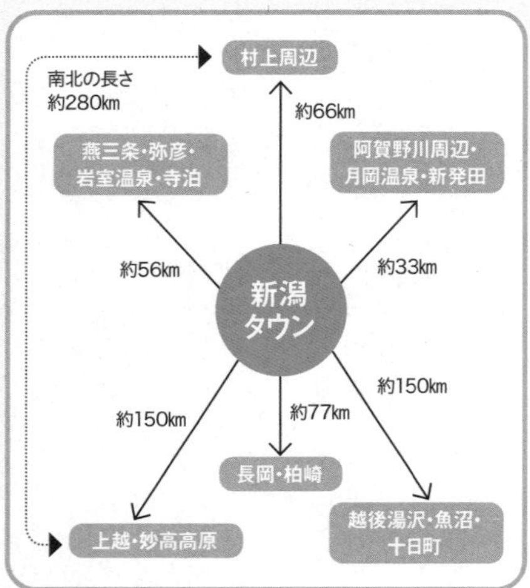

上越・妙高高原 1

じょうえつ・みょうこうこうげん

上越市内各所には100年以上の歴史を数える朝市があり訪ねたい。海の幸だけでなく、高原エリアからの新鮮な野菜類も並ぶ。

交 JR新潟駅から鉄道で約2時間20分／新潟中央ICから約150km

むらかみしゅうへん
村上周辺 6

新潟タウンから北へ、村上は江戸時代の町屋が多く残る場所。瀬波温泉にある岩船漁港に水揚げされた魚介を手に入れるならここへ。

交JR新潟駅から鉄道で約1時間／新潟中央ICから約66km

交JR新潟駅から鉄道で約30分／新潟中央ICから約33km

あがのがわしゅうへん・つきおかおんせん・しばた
阿賀野川周辺・月岡温泉・新発田 5

舟下りが有名な阿賀野川、近頃おしゃれで話題の月岡温泉、城下町・新発田には、とっておきの体験型酒蔵リゾートで楽しめる。

つばめさんじょう・やひこ・いわむろおんせん・てらどまり
燕三条・弥彦・岩室温泉・寺泊 4

列車でのアクセスが便利な弥彦、岩室温泉、寺泊。世界中に愛好者がいるほどハイクオリティな燕三条プロダクトの現場も垣間見られる。

交JR新潟駅から鉄道で約1時間30分／新潟中央ICから約56km

ながおか・かしわざき
長岡・柏崎 3

長岡は海と山と川を舞台に壮大な花火大会が繰り広げられる中越の中心地。一年を通して花々を楽しめる広い公園でゆったりとした時間を楽しんで。

交JR新潟駅から鉄道で約2時間／新潟中央ICから約77km

えちごゆざわ・うおぬま・とおかまち
越後湯沢・魚沼・十日町 2

国内でも有数の豪雪地帯。大地の芸術祭開催地の十日町周辺の棚田や山間には常設の現代アートが点在しぜひ巡りたい。

交JR新潟駅から鉄道で約1時間40分／新潟中央ICから約150km

おやひこさまで親しまれる彌彦神社と風情ある門前町でパワーチャージ

2000年以上前の創建といわれ、全国から信仰を集める彌彦神社。
参拝後は風情ある旅館やみやげ店が並ぶ門前町に立ち寄りましょう。

彌彦神社（やひこじんじゃ）

ゆっくりまわって約60分

越前屈指のパワースポット

万葉集の歌にも詠まれた歴史ある神社で、祭神は天照大神（あまてらすおおみかみ）の曾孫にあたる天香山命（あめのかごやまのみこと）。縁結びなどのご利益があることでも有名。樹齢400年を超える老杉や古木に囲まれた境内が神秘的。

☎0256-94-2001 住弥彦村弥彦2887-2 ¥営休境内自由(宝物殿は¥入館300円 営9～16時 休月曜(祝日の場合は翌日)、1･2月) P1000台 交JR弥彦駅から徒歩10分 MAP折込裏C3

start

1 一の鳥居（いちのとりい）

「両部鳥居（りょうぶとりい）」という形式の鳥居。樹齢400～500年の古木に囲まれた神秘的な雰囲気も魅力。彌彦神社の神域に入るため、必ず一礼してから鳥居をくぐりましょう！

2 津軽火の玉石（つがるひのたまいし）

願掛けのスポットで、別名「重軽の石」ともよばれる。願い事を念じながら持ち上げて、石が軽いように感じると願いが叶い、重いと思えば叶うのがまだ先になると言い伝えられている。

3 拝殿（はいでん）

弥彦山を背に立つ拝殿は、明治神宮などを設計した東京帝国大学教授の伊東忠太氏の設計で大正5年(1916)に再建。奥に本殿があり、参拝はこちらの拝殿で行う。「2礼4拍手1礼」と、通常の神社よりも拍手の回数が2回多いのでご注意を！

彌彦神社の授与品はコチラ

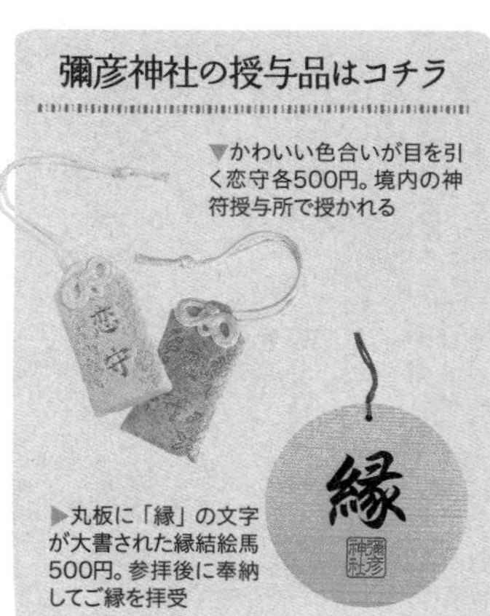

▼かわいい色合いが目を引く恋守各500円。境内の神符授与所で授かれる

▶丸板に「縁」の文字が大書された縁結絵馬500円。参拝後に奉納してご縁を拝受

「弥彦観光ぼらんてぃあガイド」で境内をまわりましょう

弥彦の魅力やみどころを発信するガイド。事前に予約をすると、彌彦神社にまつわる豆知識を聞きながら一緒に巡れる。45分コースはガイド1名につき1000円（9～14時、荒天時を除き無休）。60分のパワースポット巡りツアーは宝物殿入場料、名物のこんにゃく付きで500円（10～14時、荒天時を除き無休）。☎0256-94-3154(弥彦観光協会)

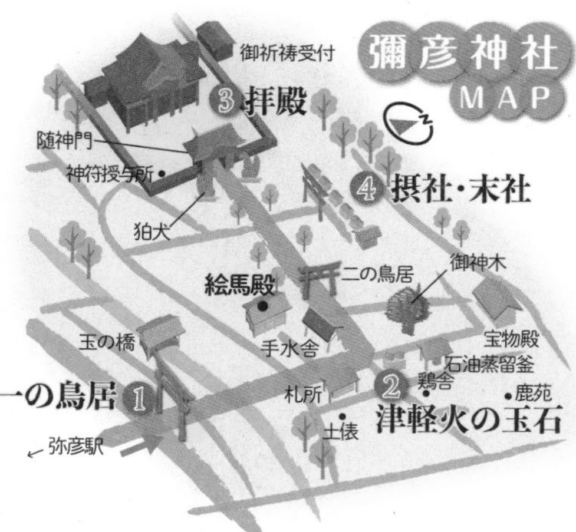

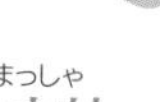

4 摂社・末社

せっしゃ・まっしゃ

天香山命の子孫を祀った摂社と、それに次ぐ格式の末社。摂社の一つである草薙神社は、仕事運アップの神様として有名。お参りをすることで、さらにご利益のパワーが期待できるかも。

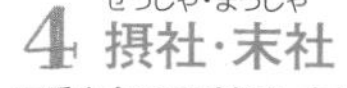

門前町の立ち寄りスポット

かしどころよのうづや きっさつれづれに

菓子処米納津屋 喫茶つれづれに

明治創業の和菓子店・米納津屋が営む甘味処。抹茶クリーム白玉みつ豆750円もおすすめ。DATA☎0256-94-1823 住弥彦村弥彦2935-5（米納津屋内）L9～16時LO 休月～金曜（祝日の場合は営業）、不定休あり要確認 交JR弥彦駅から徒歩14分 Pなし MAP折込裏C3

◀国産わらび粉を贅沢に用いた特製わらび餅600円

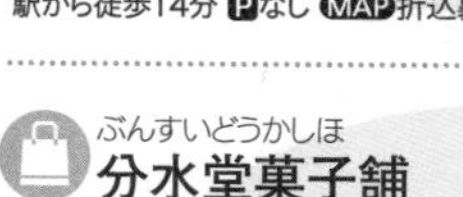

ぶんすいどうかしほ

分水堂菓子舗

地元特産品などを揃えるみやげ店。米粉を使用しておりモチモチ食感の皮がおいしい、白いパンダ焼が名物。DATA☎0256-94-2282 住弥彦村弥彦1041-1 L9～16時 休水曜（祝日の場合は翌日）、第3木曜 交JR弥彦駅から徒歩5分 Pなし MAP折込裏C3

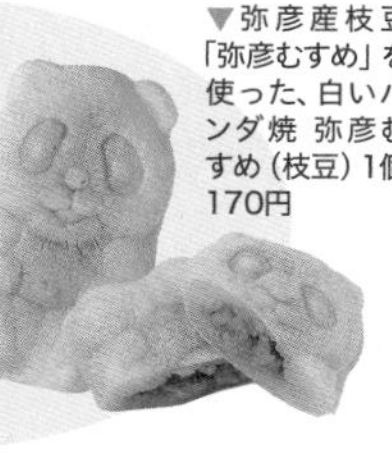

▼弥彦産枝豆「弥彦むすめ」を使った、白いパンダ焼 弥彦むすめ（枝豆）1個170円

弓矢やワニなど、さまざまな絵馬が奉納されている絵馬殿。大正時代に軍艦が遠洋航海を実施した際の記念写真も飾られています。

金物の生産地・燕三条には職人文化が息づいています

江戸初期に「和釘」作りを開始し、金属加工技術が発展した燕三条。伝統を体感できる店のほか、ご当地グルメも要チェックです！

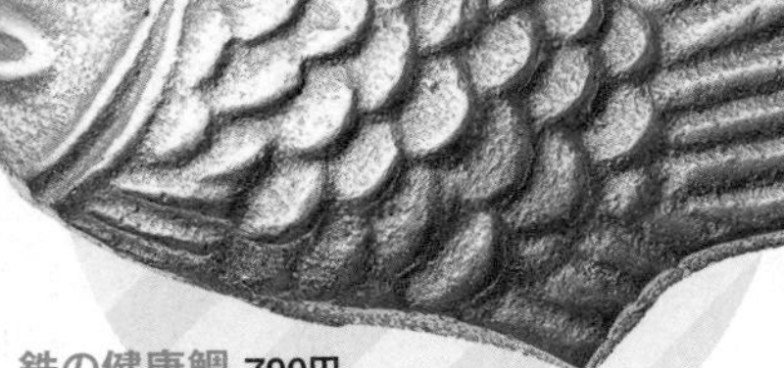

鉄の健康鯛 790円
漬物の色出しや貝類の砂出しのほか料理に投入すると鉄分補給も可能 A

スモールナイフ／スモールフォーク／スモールスプーン
各1000円
直径11～12㎝ほどのスモールシリーズ。小さいながら、通常サイズと同じ機能性をもつ A B

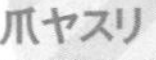

爪ヤスリ 初爪 HATSUME
9350円～　※Bは赤・青のみ
独特なカーブと目の細かいヤスリ部分が指にフィット。取り外しても使える A B

シングルドリップ マホガニー 4000円
最適な温度でコーヒーやお茶の抽出が可能。ハンドルとツマミは温かみのある木製。全3色 A B

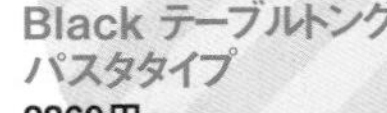

Black テーブルトング パスタタイプ
2860円～
機能美に定評のあるFD STYLEシリーズのトング。皿やフライパンの縁にかけられる A B

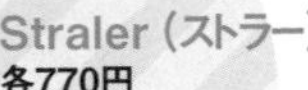

Straler（ストラー）
各770円
高い技術により作られた繰り返し使えるストロー。色は全6種類からなる A B

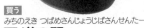

二重タンブラー
各1万1000円
チタン製の二重構造のタンブラー。熱伝導率が低く、保冷や保温効果に優れている A B

買う
みちのえき つばめさんじょうじばさんせんたー

A 道の駅 燕三条地場産センター

多彩なラインナップが魅力

職人手作りの高級品からお手頃価格のカトラリーまで、地元企業約300社・1万点以上の商品が揃う。不定期でメーカーの実演販売やイベントも開催。

☎0256-32-2311 住三条市須頃1-17 ⏰9時30分～17時30分 休第1水曜 交JR燕三条駅から徒歩5分 P119台 MAP P75A2

買う
つばめさんじょうえきかんこうぶっさんせんたー「つばめさんじょううぃんぐ」

B 燕三条駅観光物産センター「燕三条Wing」

駅構内の物産センター

JR燕三条駅構内にあり、観光と産業の情報発信、高品質な燕三条製品を中心とした展示販売を行っている。

☎0256-34-7310 住三条市下須頃502-3 ⏰10時～18時30分 休年末年始 交JR燕三条駅直結 P JR燕三条駅駐車場利用 MAP P75A2

工房併設の
ファクトリーショップも
チェックしましょう

爪切りの老舗工場「SUWADA OPEN FACTORY」では、職人が手作業で作る爪切りの製造工程を自由に見学できる。ファクトリーショップ限定のつめ切りも販売。
☎0256-45-6111 MAP 折込裏C4

食べる
さんじょうすぱいすけんきゅうじょ
三条スパイス研究所

新潟の食文化とスパイスをミックス

東京押上「Spice Cafe」の伊藤一城シェフ監修による、地元食材とスパイスを融合させた料理が評判。建築家の手塚貴晴氏によって設計された多目的スペース「ステージえんがわ」内にある。

☎0256-47-0086 住三条市元町11-63 ⏰9時30分～22時 休水曜 交JR北三条駅からすぐ P123台 MAP P75A2

ターリーセット 1380円
ご飯とスパイスカレー2種、旬の野菜のおかずが付いたターリー（定食）スタイルのセット

◀木の質感を生かした建物

食べる
こうしゅうはんてん
杭州飯店

燕背脂ラーメンの元祖

背脂たっぷりの中華そば900円。☎0256-64-3770 住燕市燕49-4 ⏰11時～14時30分、17～20時（土・日曜、祝日11時～18時30分）※売り切れ終了あり 休月曜（祝日の場合は翌日、月2回火曜）交JR西燕駅から徒歩10分 P50台 MAP P75A1

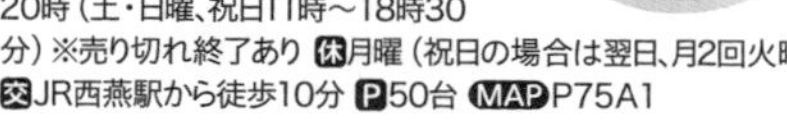

食べる
たいしゅうしょくどう まさひろ
大衆食堂 正広

三条カレーラーメンの名店

スパイスを20種煮込んだ、味わい豊かなカレーラーメン950円が名物。☎0256-31-4103 住三条市石上2-13-38 ⏰11時～14時30分、17～21時（火～木曜は昼のみ）休月曜（祝日の場合は翌日）交JR燕三条駅から車で6分 P16台 MAP P75A2

寺泊魚の市場通りで とれピチ魚介を堪能しましょう

寺泊港で水揚げされた地魚をはじめ、とれたての鮮魚が集まる「魚の市場通り」。多くの人々が集まり活気があふれています。

▲各店でベニズワイガニが山盛りに。本ズワイガニやタラバガニも並ぶ

てらどまりさかなのいちばどおり

寺泊魚の市場通り

グルメからショッピングまで楽しめるお魚天国

寺泊港近くの国道沿いにある商業スポット。ズラリと並ぶショップには、特産のカニや鮮魚が豊富に揃う。

☎0258-75-3363（寺泊観光協会）住長岡市寺泊下荒町 営店舗により異なる 休無休 交JR寺泊駅前から越後交通バス坂井町行きで18分、魚の市場通り下車徒歩2分 P共同駐車場利用1300台 MAP折込裏B3

◀ノドグロや真ダコなど、地元産中心のさまざまな魚介が集まる

買う

ベニズワイガニが店先に勢揃い

やまろくすいさん

山六水産

魚の市場通りの設立時からある老舗。店頭にズラリと並ぶベニズワイガニをはじめ、多彩な魚介を扱う。

☎0258-75-3161 住長岡市寺泊下荒町9772-38 営8時30分～17時 休無休 MAP折込裏B3

ベニズワイガニ
1杯800円～
サイズやカニみその量により価格は異なる。秋から冬が食べ頃

買う

海の幸をセット販売でお得にゲット！

てらどまりちゅうおうすいさん

寺泊中央水産

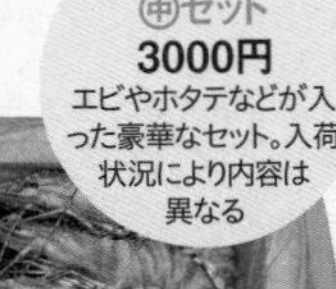

新鮮な魚介を箱詰めにしたセットが大人気。なかでも海鮮バーベキューセット3000円～が店長いち押し。

☎0258-75-3266 住長岡市寺泊下荒町9772-23 営8時40分～17時 休無休（1・2月は不定休）MAP折込裏B3

まるなか
㊥セット
3000円
エビやホタテなどが入った豪華なセット。入荷状況により内容は異なる

カニと旬には さまざまな 種類があります

新潟ではズワイガニの漁期は11～3月、ベニズワイガニは3～12月、タラバガニは4～6月、11～2月。いいカニを買って帰りたいならスタッフに聞くのがいちばん。熟練の目利きに委ねよう。

食べる

丼から汁ものまで海鮮づくし!

やまろくえん
やまろく苑

ランチにぴったりな定食メニューが充実した海鮮料理店。ゆでたベニズワイガニが豪快に1杯付く市場定食1760円はインパクト抜群。ボリュームのある魚介だしのみそ汁も評判。

☎0258-75-3161（山六水産）住長岡市寺泊下荒町9772-38 山六水産2階 ⏰9時30分～16時30分 休無休（1・2月は不定休）MAP折込裏B3

▲足をゆっくり伸ばせる座敷席でひと休みを

かにめし定食
1650円
カニの身たっぷりのカニ飯や汁ものなどが付いて、食べごたえあり

食べる

カニがまるごと入った看板ラーメン

かいせんちゃや しおのはな
海鮮茶屋 汐の華

元祖かにラーメンや、新鮮な刺身がふんだんにのった海鮮丼2475円もおすすめ。

☎0258-75-3155 住長岡市寺泊下荒町9772-27角上魚類 寺泊本店2階 ⏰11～15時 休無休（1～3月は不定休）MAP折込裏B3

▲明るい日差しが差し込む店内で海鮮料理を堪能しよう

元祖かにラーメン
1870円
丼を覆うカニがインパクト大。カニのだし入り※提供は要問合せ

食べる

散策のおともにピッタリ! 種類豊富な海鮮串焼

てらどまりはまやきせんたー・きんぱち
寺泊浜焼センター・金八

イカやサバ、エビなど、バラエティ豊かな串焼きを揃える。魚を1匹まるごと串に刺すなど、豪快なものも。注文を受けてから自家製ダレにつけて再度焼いてくれる。

☎0258-75-2552 住長岡市寺泊下荒町9772-32 ⏰8時30分～17時（季節により変動あり）休不定休 MAP折込裏B3

浜焼き 1本400円～
浜焼きは約20種と豊富。焼きイカの値段はサイズにより異なる

寺泊は江戸時代に北前船の寄港地として栄えた地。「北前船寄港地・船主集落」として日本文化遺産に認定されています。

Made in 長岡の 酒造と野菜をまるごといただきます

古くから酒造りや伝統野菜の栽培が行われてきた地で、江戸時代には長岡藩の城下町として発展。老舗や話題のお店で長岡の恵みを味わいましょう。

見る

わしま とぅー・る・もんど

和島トゥー・ル・モンド

築90年超えの校舎をリノベーション

廃校になった旧島田小学校の校舎をリノベーションした複合施設。レストランとベーカリーが設けられ、木造校舎が残る敷地内や館内を無料で見学できる。

☎0258-74-3002 住長岡市和島中沢乙64-1 ⏰10～17時（校舎見学は～16時）休店舗により異なる 交JR長岡駅から車で30分、または越後交通バス小島谷行きで1時間、小島谷駅前下車、徒歩20分／JR燕三条駅から車で45分、または弥彦線で12分、吉田駅で越後線に乗り換え24分、小島谷駅下車、徒歩20分 P40台 MAP折込裏B4

▶階段にも学校の歴史が感じられる

1昭和2年（1927）に建設された木造校舎を再利用 2昔の教室はギャラリーやセミナールームとして活用されている 3廊下をはじめ、随所に懐かしさが満ちている

レストラン

れすとらんばーぐ

レストランBague

和島の恵みを味わえる

地元でとれる旬食材の風味や特質を生かしたフランス料理が評判。ランチはスタンダード2860円～、ディナーは完全予約制でコース5000円～。

DATA☎0258-74-3004 ⏰11時30分～16時30分（14時LO）、18時～21時30分（20時30分LO）休水・木曜、ほか不定休あり

▲越後牛のローストがメインのランチ・ラグジュアリーは4840円。写真は越後牛のローストと自家製パン

◀デザートは550円～。三条産ルレクチェのタルト（デザートの一例）

ベーカリー

わしまとぅー・る・もんど
ぱんこうぼう　あるもにえ

和島トゥー・ル・モンド パン工房　Harmonie

素材にこだわるベーカリー

小麦や各種食材、水などを厳選した自家製パンの店。和島周辺の素材を使用したパンや、珍しい「キューブ」など、さまざまなパンが並ぶ。

DATA☎0258-84-7429 ⏰11～17時 休水・木曜、第1日曜

▲自家製のカスタードクリームを包んで焼き上げた竹炭キューブ各240円

▲和島のガンジー牛乳や生クリームを練り込んで焼き上げたガンジー生食パンミニ400円

◀店内にはメイドイン和島のパンが各種並ぶ。イートインコーナーもある

伝統野菜「長岡野菜」とは？

長岡の伝統的な野菜&食文化を見直す動きから生まれたブランド。「長岡ブランド協会」によって16種が認定されている。大型でしっかりした果肉の「長岡巾着なす」や、白い果肉とシャキシャキした食感が特徴の「だるまれんこん」などが代表例。

見る

おふくしゅぞう

お福酒造

伝統の製法で米のうま味を生かす

明治30年(1897)に創業した老舗。淡麗辛口が主流の新潟で、あえてうま味の強い甘口の酒造りにも取り組んでいる。見学は醸造や米の仕込みの様子などを約30分かけてまわる。

☎0258-22-0086 住長岡市横枕町606 ¥試飲3種類付き蔵見学1000円～ ⏰9時～16時30分(見学時間は予約時に要確認) 休土・日曜、祝日 交JR宮内駅から車で5分 P6台 MAP折込裏C4

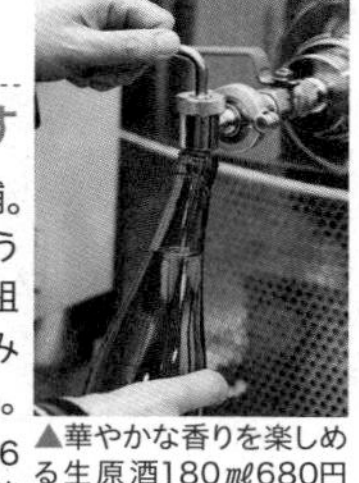

▲華やかな香りを楽しめる生原酒180㎖680円～。ショップ限定品

▶日々酒造りに取り組む杜氏の中野さん

▼敷地内のショップでは試飲もできる

見る

あさひしゅぞう

朝日酒造

風土を生かしたキレのよい酒が自慢

銘酒「久保田」「朝日山」で知られる酒蔵。20分見学コースでは、酒樽や盃をモチーフとした柱が立つエントランスを見学後、物販店でおすすめ商品を試飲できる。

☎0258-92-3181 住長岡市朝日880-1 ¥見学無料 ⏰酒蔵見学は11時、12時、13時、14時の4回(実施状況は朝日酒造HPまたは電話で確認) 休土・日曜、祝日 交JR来迎寺駅から徒歩15分 P20台 MAP折込裏B4

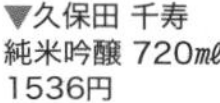

▼久保田 千寿 純米吟醸 720㎖ 1536円

▶水田と里山が広がる自然環境豊かな酒蔵。2030年で創業200年を迎える

食べる

うおに

uoni

食材本来のおいしさを引き出す至極のフレンチ

明治10年（1877）創業の割烹 魚仁の6代目でもあるシェフ。県内産を中心とした旬食材の魅力を引き出して、食材そのもののおいしさを知る日本人だからこそ響く一皿を作る。 ☎0258-32-1009 住長岡市渡里町2-9 ⏰12～14時LO、18～21時LO(10席のみの完全予約制) 休日曜、祝日 交JR長岡駅から徒歩11分 P4台 MAPP79A1

ランチコース3300円
冷前菜、温前菜、肉料理、自家製パン、デザート、ドリンク。写真は自家製スモークサーモン

▲有名ガイドブックにも掲載された名店

人気アウトドアブランド Snow Peakの本社を探訪

近年グランピングも手がける有名アウトドアメーカー・Snow Peak。
本社併設の複合型リゾートで自然に包まれた一日を過ごし、ととのいましょう。

サウナはセルフロウリュOKの本格派

ココが素敵
サウナの外気浴スペースに設置されたチェアもスノーピーク製。細部にまでこだわりが詰まっている

栗ヶ岳を望める開放的なお風呂

1

三条
すのーぴーく ふぃーるど すいーと すぱ へっどくぉーたーず

Snow Peak FIELD SUITE SPA HEADQUARTERS

時間の流れを変えるサウナ体験

Snow Peakが展開する複合型リゾート。広大な敷地にキャンプ場や天然温泉のスパなどを備える。日帰りでも利用できるサウナは、大きく開かれた窓から豊かな自然を眺めながら楽しめる。

☎0256-46-5650 住三条市中野原456-1 ¥1600円 ⏰温浴・Store10～21時、Restaurant 雪峰11時30分～15時、17～21時、Snow Peak Eat11～21時 休無休 交北陸自動車道三条燕ICから車で40分 P109台 MAP折込裏C4

建築家・隈研吾氏による山並みのような設計

2

1ストーブ用のケルケスストーンは手作りのフィンランド製 2スパの後は地元食材の料理を味わいたい 3宿泊はヴィラのほか隈研吾氏設計の「住箱」でもできる 4一流シェフが腕をふるう「レストラン雪峰」は眺望も抜群

3

4

ココにも行きたい

弥彦・燕三条・長岡のおすすめスポット

弥彦

弥彦公園（やひここうえん）

花と紅葉が描く四季の美景

約13万㎡の広さがあり、園内には桜やツツジ、ハナショウブなどが咲き、四季折々の趣のある景観を見せてくれる。なかでも美しいのが春と秋で、春は観月橋の朱塗りの欄干が新緑に映える光景、秋は観月橋周辺を赤く染める紅葉が非常に美しい。DATA ☎0256-94-3154（弥彦観光協会）住弥彦村弥彦667-1 ¥🕒休入園自由 交JR弥彦駅からすぐ P2000台 MAP折込裏C3

燕三条

燕市産業史料館（つばめしさんぎょうしりょうかん）

金属加工などの職人体験に挑戦

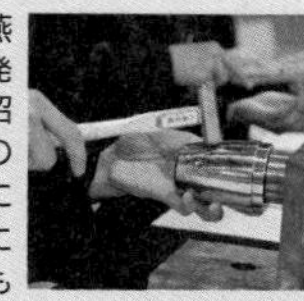

400年以上続く燕市の金属加工が発展してきた歴史を紹介。金属加工などの伝統技術を手軽に体験できる。体験には期間限定のものもある。DATA ☎0256-63-7666 住燕市大曲4330-1 🕒9時～16時30分（体験最終受付16時）¥入館400円 休月曜（祝日の場合は開館、翌平日休館）交JR燕三条駅から車で5分 P179台 MAP P75A1

長岡

新潟県立歴史博物館（にいがたけんりつれきしはくぶつかん）

縄文人の世界を体感しよう

縄文人の四季の暮らしや、昭和30年代の豪雪地の生活を実物大に復元し、タイムスリップ気分を味わえる。火焔土器とその時代の土器約80個を一望できる展示室も必見。DATA ☎0258-47-6130 住長岡市関原町1-2247-2 ¥入館520円(企画展は別途) 🕒9時30分～17時(券販売は～16時30分) 休月曜(祝日の場合は翌平日) 交バス停県立歴史博物館からすぐ P184台 MAP折込裏B4

長岡

山古志アルパカ牧場（やまこしあるぱかぼくじょう）

もふもふのアルパカに出合える

平成16年（2004）に発生した新潟中越地震の復興としてアメリカ・コロラド州から3頭のアルパカが寄贈されたのが始まり。現在では34頭に増え、地域のアイドルとして人気を集めている。DATA ☎0258-59-2062 住長岡市山古志竹沢乙169 交関越自動車道小千谷ICから約15㎞ ¥入場無料 🕒9～17時 休12月～4月中旬 P10台 MAP折込裏C4

長岡

国営越後丘陵公園（こくえいえちごきゅうりょうこうえん）

季節ごとに主役を変えて花々が咲き誇る

一年を通して多彩な花が見られる。春と秋にはばらまつりが開催。DATA ☎0258-47-8001 住長岡市宮本東方町三ツ又1950-1 ¥入園450円（12～3月は無料）、中学生以下無料 🕒9時30分～17時(季節により変動あり) 休不定休（1～3月は月曜、祝日の場合は翌日) 交バス停長岡駅大手口から越後交通バスニュータウン・越後丘陵公園線で40分、終点下車すぐ P2000台(有料) MAP折込裏B4

弥彦

パレドール渡辺（ぱれどーるわたなべ）

地元で人気の名物デニッシュ

常時30種類以上の洋菓子が揃う菓子店。一番人気のデニッシュコルネ260円は、サクサクデニッシュとたっぷりカスタードの相性が抜群。多いときは1日300個以上も売れることもあるという。DATA ☎0256-94-2438 住弥彦村矢作7374-1 🕒10～19時 休月・火曜（祝日の場合は営業）交JR矢作駅から徒歩7分 P20台 MAP折込裏C3

燕三条

STOCK BUSTERS（すとっく ばすたーず）

キッチン雑貨が最大で9割引きに

150社以上の商品が並ぶアウトレットショップ。商品は、廃盤品、モデルチェンジ、カタログ落ちが中心。藤次郎三得包丁170㎜4400円やIH対応フライパン330円～なども人気。※在庫がなくなり次第終了。写真はイメージ DATA ☎0256-63-2511 住燕市物流センター2-16 🕒10～18時 休不定休 交JR燕三条駅から車で15分 P200台 MAP P75A2

弥彦

四季の宿 みのや（しきのやど みのや）

創業300余年の老舗宿

彌彦神社の門前に立つ。自慢の露天風呂では、美肌効果のある源泉かけ流しの温泉と、弥彦山の絶景を楽しめる。純和風の部屋のほか和洋室やバリアフリールームも備えている。DATA ☎0256-94-2010 住弥彦村弥彦2927-1 ¥1泊2食付1万3000円～ 🕒IN15時、OUT10時 休無休 交JR弥彦駅から徒歩14分 P100台 ●60室 MAP折込裏C3

燕三条

嵐渓荘（らんけいそう）

深い緑に包まれたロケーションも魅力

自然に囲まれた温泉宿。風情ある貸切風呂や夕食の山里会席が自慢。立ち寄り湯は1000円（11時～14時30分、休みは要問合せ）。DATA ☎0256-47-2211 住三条市長野1450 ¥2名1室2万900円～ 🕒IN15時、OUT10時 休無休 交JR燕三条駅またはJR東三条駅から車で30～45分（各駅から1日1便送迎バスあり、要予約）P50台 ●16室 MAP折込裏C4

「大地の芸術祭」の里 越後湯沢で現代アートに触れる旅

アートにより地域の魅力を引き出し人々の交流を図る国際芸術祭。
清津峡渓谷トンネルのアート化など常設展示も増えています。

大地の芸術祭って?

十日町と津南町からなる越後妻有地域を舞台に、平成12年(2000)から3年に一度開催している国際芸術祭で、次回は2024年に開催予定。開催期間外でも常設展示となっている作品が約200点ある。

マ・ヤンソン/MADアーキテクツ『Tunnel of Light』
(大地の芸術祭 越後妻有アートトリエンナーレ2018作品) 提供:(一社)十日町市観光協会

きよつきょうけいこくとんねる

清津峡渓谷トンネル

透明な水盤が映す 幻想的な里山アート

日本三大峡谷の一つ。全長750mのトンネルには途中3カ所の見晴所があり、最奥のパノラマステーションでは、水盤に峡谷の景色が映り込むフォトジェニックな光景が広がる。

☎025-763-4800 住十日町市小出 ¥見学1000円 ①休無休(繁忙期は事前予約制の場合あり。冬期は降雪状況による休業あり) 交バス停清津峡入口から徒歩30分 P155台 MAP P83A2

▲草間彌生の作品『花咲ける妻有』。妻有の空気や陽光への讃美が表現されている
Photo:Nakamura Osamu

まつだい「のうぶたい」

まつだい「農舞台」

アートが伝える農耕文化

雪国農耕文化や地域の資源を発信する総合文化施設。館内ギャラリーのほか、敷地周辺の棚田や里山に現代アートが点在する。

☎025-595-6180 住十日町市松代3743-1 ¥入館600円 交北越急行まつだい駅直結 ①10~17時 休火・水曜(時期により変動あり) P60台 MAP P83A1

▶イリヤ&エミリア・カバコフ『棚田』
Photo:Nakamura Osamu

▲体育館の建物を生かしたユニークな作品も
Photo Akimoto Shigeru

はちあんどたしませいぞう
えほんときのみのびじゅつかん

鉢&田島征三 絵本と木の実の美術館

かつての学び舎をまるごと絵本に

旧校舎を利用した建物内外に、絵本作家・田島征三の絵本の世界を立体作品として展開。テーマは体感型の「空間絵本」。展示室内ではカラフルな作品群が、物語を繰り広げる。

☎025-752-0066 住十日町市真田甲2310-1 ¥入館800円 ⏰4月29日～11月27日、10～17時（10、11月は～16時、入館は閉館30分前まで） 休期間中の火・水曜 交JR十日町駅から車で約20分 P40台 MAP P83A1

ひかりのやかた

光の館

伝統建築に息吹をもたらす光

ジェームズ・タレルが伝統家屋をモデルに設計した、瞑想のためのゲストハウス。谷崎潤一郎の『陰翳礼讃（いんえいらいさん）』をイメージして造られ外の光を多く取り入れた建物は、宿泊なしの見学も可能。

☎025-761-1090 住十日町市上野甲2891 ¥見学600円、1泊素泊まり2万5000円～ ⏰12時～15時30分(冬季は異なる、入館は閉館30分前まで)、宿泊の場合はIN16時／OUT10時 休要問合せ 交JR・北越急行十日町駅から車で17分 P8台 MAP 折込裏B5

▲光ファイバーによる照明が浴槽の湯を光で染める(左)。光と日本建築を融合させた作品(右)

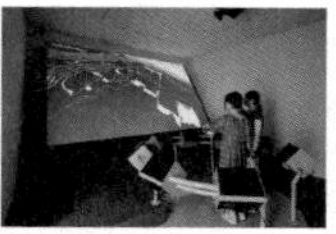

▲越後妻有の衛星データをコントローラーで動かして楽しめる『Resounding Tsumari』
Photo:Kioku Keizo

◀レアンドロ・エルリッヒの作品『Palimpsest：空の池』Photo:Kioku Keizo

えちごつまりさとやまげんだいびじゅつかん もね

越後妻有里山現代美術館 MonET

澄んだ青空を映す壮麗な回廊

平成15年（2003）に大地の芸術祭の拠点施設として誕生、2021年リニューアル。青空を映す池を囲むように設けられた半屋外の回廊が特徴的。

☎025-761-7766 住十日町市本町6-1-71-2 ¥企画展1200円、常設展1000円 ⏰10～17時（入館は閉館30分前まで） 休火・水曜(祝日のぞく) 交JR・北越急行十日町駅から徒歩10分 P300台 MAP P83A1

日本の原風景にしみじみ感動 十日町～越後湯沢ドライブへ

都会の喧噪から遠く離れた山あいには、心がほっとする里山風景が広がっています。美しい棚田や自然林を巡り、郷土料理に舌鼓…。心身ともにリフレッシュできます。

▲自然と人の営みが見事に調和する星峠の棚田。農地は私有地なのでマナーを守って観賞を　画像提供：(一社)十日町市観光協会

モデルコース

所要時間 約7時間

関越道・塩沢石打IC から車で1時間10分

1. 越後松代棚田群 星峠の棚田
   車で30分
2. 美人林
   車で35分
3. 田代の七ツ釜
   車で30分
4. 名代生そば 由屋
   車で18分
5. 里山十帖

関越道・塩沢石打IC まで車で20分

えちごまつだいたなだぐん ほしとうげのたなだ

1 越後松代棚田群 星峠の棚田

魚の鱗のような棚田が 雲海に浮かぶ

斜面に階段状に約200枚の水田が広がる。雪解け水や雨水が自然に溜まる「天水田」なのが特徴で、季節ごとの景色が楽しめる。

☎025-597-3442（松代・松之山温泉観光案内所）住十日町市峠 ◷休散策自由（冬期は除雪しないため、車の進入不可）交北越急行まつだい駅から車で20分 P10台 MAP P85

▲春は水田に張られた水鏡に緑が映えて美しい。特に明け方は幻想的な光景が見られる

画像提供：(一社)十日町市観光協会

3 田代の七ツ釜（たしろのななつがま）

地質学的にも貴重な絶景スポット

苗場山系から流れ出す釜川に、7つの滝つぼが連なる景勝地。川を挟んで右岸側に断面層、左岸側に縦層が見られる地質学的にも珍しいスポットで、国の名勝・天然記念物に指定されている。

☎025-757-3345（十日町市観光協会）住十日町市市田代 ¥🕒休見学自由、降積雪期間は観賞不可 交十日町駅からJR飯山線で15分、越後田沢駅下車、車で30分 P15台 MAP P85

▲高台にある展望駐車場から見下ろす

▶川の左岸に見られる縦層は圧巻

4 名代生そば 由屋（なだいきそば よしや）

のど越し抜群の王道へぎそば

へぎそば、ざるそば、天ぷらのみを提供する人気店。地元産の玄そばを丹念に石臼挽きしており、のど越しと独特の弾力が楽しめると評判。芸術家の岡本太郎も愛した絶品そばを味わおう。

☎025-758-2077 住十日町市土市第4区 🕒10時30分～14時、15時30分～17時30分LO、木曜10時30分～14時LO、土・日曜、祝日10時30分～17時30分LO（変動あり、早く閉店することもある）休火曜、ほか臨時休業あり 交JR土市駅から徒歩10分 P25台 MAP P85

▲小へぎそば（2人前）2420円

▲2000m級の山々を見渡せる湯処「天の川」

▲古民家にソファやベッドなど洋家具を配した空間

5 里山十帖（さとやまじゅうじょう）

里山文化とアートの調和

雑誌『自遊人』編集長・岩佐十良（いわさとおる）氏プロデュースの宿泊施設。里山の野菜を化学調味料を使わずに味付けし、野菜本来の味を際立たせたオーガニック料理が人気。

☎0570-001-810 住南魚沼市大沢1209-6 ¥1泊2食付2万9260円～ 🕒IN15時/OUT11時 交JR越後湯沢駅から車で25分（JR大沢駅から送迎あり、要予約）P20台 MAP P85

▲四季折々に多彩な表情を見せる

2 美人林（びじんばやし）

森林浴が楽しめるブナ林

松之山地内の丘陵地に茂るブナ林。樹齢100年ほどのブナの木々は、その美しい立ち姿から、美人林とよばれる。

☎025-597-3442（松代・松之山温泉観光案内所）住十日町市松之山松口1712-2付近 ¥🕒休散策自由 交バス停堺松から徒歩20分（冬期要問合せ）P30台 MAP P85

提供：(一社)十日町市観光協会

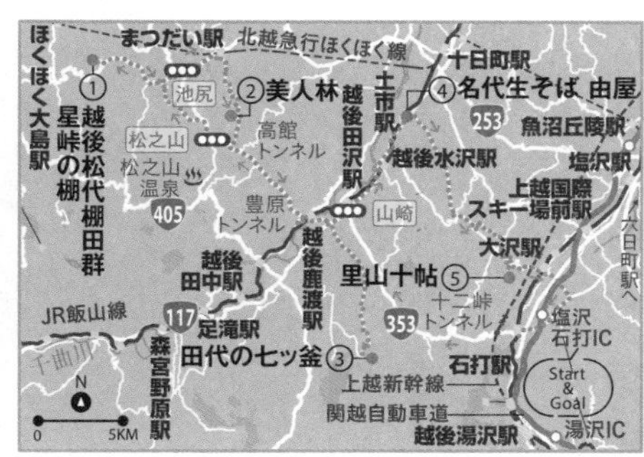

お酒とグルメが楽しめる 2大複合施設で新潟を体感

お酒とグルメのテーマパークは雪国ならではの味わい三昧。
欲しいものにあふれる空間で、お腹を満たしてショッピングをしましょう。

緑豊かな里山に雪室、カフェなどが集まる

魚沼の里
うおぬまのさと

雪国の暮らしと文化を五感で楽しむ

八海醸造が運営する複合商業ヴィレッジ。見学可能な雪室のほか、昼のみ一般の人にも開放している社員食堂や、日本酒スイーツを購入できる「菓子処さとや」など、さまざまな施設が入っている。

☎0800-800-3865（お客様相談室） 住南魚沼市長森 ¥入場無料 ⏰10～17時（店舗により異なる） 休無休（臨時休業あり、HP要確認） 交越後湯沢駅からJR上越線で27分、五日町駅下車、車で10分。または、JR浦佐駅から車で15分 P90台 MAP折込裏C5

八海山雪室
はっかいさんゆきむろ

天然冷蔵庫を体感

1000tもの雪を収容する雪中貯蔵庫で、専用に仕込んだ日本酒約40万ℓを貯蔵している。見学ツアーは毎日実施（所要時間15分）。発酵食品や日本酒グッズなどを扱うショップも併設。

☎025-775-7707 ¥見学無料 ⏰雪中貯蔵庫体感ツアーは10時30分～15時30分の間に10回開催。当日申込み制（先着順、各回定員15名） 休無休

▲年間を通して低温・高湿度に保たれている雪中貯蔵庫

▶八海山雪室内には焼酎の貯蔵庫もある

▶喫茶スペースで味わえるさとやバウム1470円

菓子処さとや
かしどころさとや

魚沼の恵みをたっぷり

1階で焼き上げるバウムクーヘンが自慢。こだわりの素材に日本酒や酒粕を加えたオリジナルの和洋菓子が多彩に揃う。2階の喫茶スペースや屋外席でイートインも可能。

☎025-775-3899 ⏰10～17時 休第2・4火曜（12～3月は火曜）

みんなの社員食堂
みんなのしゃいんしょくどう

高品質なお酒造りの起源

「同じ釜の飯を食べる」をコンセプトにした八海醸造の社員食堂。メニューは極力地元産の素材を使用しており、一般客も昼のみ利用できる。

☎0800-800-3865（お客様相談室） ⏰11～15時（売り切れ次第終了） 休無休

▲旬野菜や郷土の副菜などが付く八海定食1200円

雪室千年こうじや
ゆきむろせんねんこうじや

天然の冷蔵庫からステキな逸品をお届け

米・麹・発酵をコンセプトにした、千年こうじやの商品や、日本酒や山菜などが揃う。甘みたっぷり雪室野菜も人気。

☎025-775-7707 ⏰10～17時 休無休

◀麹だけでつくったあまさけ。118g205円

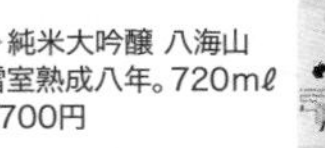

▶純米大吟醸 八海山 雪室熟成八年。720mℓ 7700円

CoCoLo湯沢内で試飲が楽しめる人気スポットはこちら

「越後乃酒蔵 唎酒番所越後湯澤驛店」では新潟県内酒蔵の銘柄が100種類以上揃う。気に入ったものはぽんしゅ館内で購入しよう。☎025-784-3758（ぽんしゅ館）¥500円でお猪口5杯分 ⏲9時30分～19時（最終受付18時45分）休無休 MAP P83A2

こころゆざわ・がんぎどおり
CoCoLo湯沢・がんぎどおり

味わって・買って・楽しめる複合スポット

JR越後湯沢駅の新幹線改札口を出てすぐの駅ナカ施設。新潟県随一の規模を誇るおみやげコーナー「中央いちば」や、新潟グルメが軒を連ねる「たべあるき横丁」などが入る。利き酒コーナーや酒風呂など、新潟ならではの体験ができる「ぽんしゅ館越後湯沢驛店」にも注目。

☎025-784-4499 住湯沢町湯沢2427-1 ⏲9時30分～19時（店舗により異なる）※季節によっても営業時間が異なるためHPを要チェック 休無休 交JR新潟駅から上越新幹線で45分の越後湯沢駅構内、JR東京駅からは1時間20分 P100台（2時間まで無料）MAP P83A2

「雁木通り」をイメージした店内でおみやげ探し

たべあるきよこちょう
たべあるき横丁

地産地消グルメがズラリ

新潟グルメを提供する8店舗が一堂に会するグルメストリート。へぎそばやタレかつ丼など新潟を代表する名物グルメのほか、地場食材を使ったメニューなど見逃せないグルメが目白押し。

☎025-784-4499(代表) ⏲店舗により異なる 休無休

◀笹だんご1個160円。米どころ新潟が生んだ昔ながらの定番みやげ

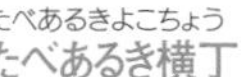

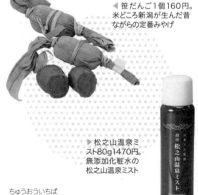

▶松之山温泉ミスト80g1470円。無添加化粧水の松之山温泉ミスト

ちゅうおういちば
中央いちば

湯沢の名産品が集まる小路

県内最大級の品揃えを誇るおみやげコーナー。笹だんごや米菓など、地元特産品や銘菓をはじめとする県内各所の名物を豊富に揃える。テーマごとに陳列されていて買い物しやすい。

☎025-784-4499(代表) ⏲9時30分～19時 休無休

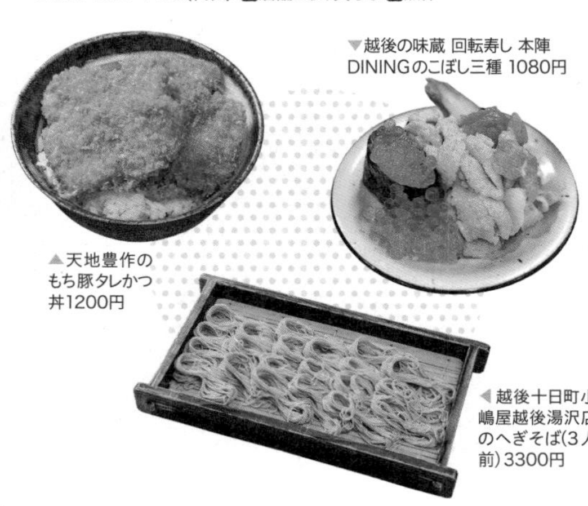

▼越後の味蔵 回転寿し 本陣 DININGのこぼし三種 1080円

▲天地豊作のもち豚タレかつ丼1200円

◀越後十日町小嶋屋越後湯沢店のへぎそば(3人前)3300円

日本酒を定期的に注ぐ酒入り温泉がCoCoLo湯沢・がんぎどおり内にあり。独自開発の"浴用酒"を混ぜた酒風呂（800円）でご機嫌。

ココにも行きたい

越後湯沢・魚沼のおすすめスポット

湯沢町

がーらゆざわ
ガーラ湯沢

新幹線駅からゲレンデへ直行

夏スキーのほか、日本初上陸のマウンテンカートやプール&温泉、BBQなど楽しみが豊富。DATA☎025-785-6421 住湯沢町湯沢茅平1039-2 ¥ゴンドラ・リフト1日券3400円 ⏰7月29日〜9月10日の金〜日曜および8月11日。8時30分〜17時(ゴンドラ8時40分〜16時) 休期間中無休 交JRガーラ湯沢駅直結(夏季はガーラ湯沢駅休業のため越後湯沢駅からシャトルバス) P400台 MAP P83A2

全長約350mの人工ゲレンデで夏でもスキーやスノーボードが楽しめる

ゴンドラで空中散歩を満喫しよう

湯沢町

たいけんこうぼう だいげんた
体験工房 大源太

そば打ちや笹団子作りにチャレンジしよう

標高1598mの大源太山麓にある体験施設。湯沢産そば粉を使用したそば打ち体験（1鉢４００g４名4840円）や笹団子作り（1鉢16個4840円）など。いずれも予約優先。
DATA☎025-787-1121 住湯沢町土樽6399-1 ¥体験により異なる ⏰9〜16時 休水曜（8月は無休）交JR越後湯沢駅から車で20分 P20台 MAP折込裏C6

湯沢町

そばどころ なかのや
そば処 中野屋

石臼挽きにこだわる香り高い極上そば

県内産そばの実を石臼挽きして打つへぎそばが自慢(写真は2人前1760円)。風味へのこだわりが強く、挽きたてのそばをフノリでつなぎ、一気にゆであげる。湯沢産素材を使った山菜天ぷら935円（春限定）も人気。 DATA☎025-784-3720 住湯沢町湯沢2-1-5 ⏰11時〜19時30分LO 休木曜 交JR越後湯沢駅からすぐ P15台 MAP P83A2

越後湯沢駅周辺

こまこもち おくまんや
駒子もち 億萬屋

小説『雪国』をモチーフにしたお菓子

小説『雪国』のヒロイン駒子にちなんだ銘菓・駒子もち1個80円が看板商品。きなこをまぶしたほのかに甘い求肥は、しっとりモチモチとした食感。笹だんご5個入り820円もおみやげにぜひ。 DATA☎025-784-2349 住湯沢町湯沢354-10 ⏰8〜19時 休水曜 交JR越後湯沢駅から徒歩7分 Pなし MAP P83A2

越後湯沢駅周辺

みずがおりなすえちごのやど ふたば
水が織りなす越後の宿双葉

谷川連峰を眺めながらゆったり浸かる

薬草風呂や洞窟風呂など多彩な湯船を揃えるホテル。展望大浴場は開放感抜群で、谷川連峰の絶景を楽しむことができる。庭と露天風呂付き客室の貴賓室や、ゆったり過ごせる和洋室グレードアップタイプの客室も人気だ。
DATA☎025-784-3357 住湯沢町湯沢419 ⏰IN15時／OUT11時 交JR越後湯沢駅から徒歩7分 P60台 MAP P83A2

六日町駅周辺

あじのみせ きょう
味の店 京

ご当地グルメ・きりざい丼を味わおう

納豆と漬物を混ぜた、南魚沼の郷土料理「きりざい」を地元食材でアレンジ。南魚沼産コシヒカリにかけた南魚沼きりざい丼550円が食べられる。
DATA☎025-773-6606 住南魚沼市六日町2252 1階 ⏰11時30分〜14時、17〜22時 休不定休 交JR六日町駅から徒歩10分 Pなし MAP折込裏C5

魚沼市

せきじょうさんせいふくじ
赤城山西福寺

雲蝶彫刻はすべて県の文化財に指定

約500年の歴史をもつ赤城山西福寺（開山堂）には、幕末の名彫物師として知られる石川雲蝶の精緻な彫刻や襖絵などが残る。天井の透かし彫り『道元禅師猛虎調伏の図』は迫力満点。
DATA☎025-792-3032 住魚沼市大浦174 ¥拝観500円 ⏰9〜16時(最終受付15時30分) 休無休（行事などで変更の場合あり）交JR浦佐駅から車で15分 P50台 MAP折込裏C5

南魚沼市

うんとうあん
雲洞庵

越後の名将にゆかりの古寺

奈良時代の養老元年（717）、藤原房前（ふじわらのふささき）が尼僧院として建立した古刹。上杉景勝や直江兼続が幼少期に学んだ寺としても名高い。本堂は県指定文化財。 DATA☎025-782-0520 住南魚沼市雲洞660 ¥拝観300円 ⏰9〜17時（12〜4月中旬10時〜15時30分）休水曜 交JR塩沢駅から車で10分 P40台 MAP折込裏C5

魚沼市

おくただみこゆうらんせん
奥只見湖遊覧船

日本最大級のダム湖を船で巡る

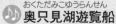

奥只見乗船場発着の周遊コースは所要30～40分。DATA☎025-795-2242（奥只見観光）住魚沼市湯之谷芋川 ¥1200円 🕒9時30分～15時30分の間で1時間おきに運航（10月16日～11月8日は9～16時の間で1時間最大3便運航）休5月下旬～11月上旬営業、期間中無休 交バス停奥只見ダムから徒歩10分 P700台 MAP折込裏D5

十日町市

ささやまいせき
笹山遺跡

火焔型土器で鍋体験も

縄文土器が出土した場所として開放され、復元竪穴住居が見学できる。出土した国宝・火焔型土器は十日町市博物館で観られる。「十日町縄文ツアーズ」(要問合せ)では竪穴住居内で土器鍋を味わえる。DATA☎025-757-5531(十日町市博物館) 住十日町市中条乙3081 ¥ 🕒 休見学自由 交十日町駅からJR飯山線で4分、魚沼中条駅下車、徒歩15分 P10台 MAP P83A1

画像提供：(一社)十日町市観光協会

津南町

りゅうがくぼ
龍ヶ窪

清らかな水をたたえる神秘的な池

毎分30tもの水が湧き出す池。1日で池の水が入れ替わるともいわれ、水は濁ることなく澄んでいる。名水百選に選ばれており、容器持参で水を持ち帰る人も多い。周囲には所要15分ほどの遊歩道がある。 DATA☎025-765-5585 住津南町谷内6217 ¥ 🕒 休見学自由 交JR津南駅から車で15分 P20台（200円）MAP P83A2

十日町市

こじまやそうほんてん
小嶋屋総本店

皇室にも献上された元祖へぎそば

創業100余年、元祖へぎそばの老舗。石臼挽き自家製粉のそば粉を布海苔つなぎで打ち上げたそばは、のど越しと弾力が際立っている。県外にもファンが多い。 DATA☎025-768-3311 住十日町市中屋敷758-1 🕒11～20時LO 休不定休 交JR・北越急行十日町駅から車で7分 P48台 MAP P83A1

十日町市

ゆもと きよつかん
湯元 清津館

清津峡渓谷付近で泊まるなら

清津峡を眺望できる絶景自慢の宿。渓流に面した貸切露天風呂のほか、ロビーや客室からも峡谷美を堪能できる。地元でとれた山菜や川魚、魚沼産コシヒカリを使った料理も評判。DATA☎025-763-2181 住十日町市小出癸2126-1 交バス停清津峡入口から徒歩30分（バス停まで送迎あり、要問合せ）P10台 MAP P83A2

松口

えちごまつのやま「もりのがっこう」きょろろ
越後松之山「森の学校」キョロロ

里山にそびえる赤茶色の科学館

世界の蝶の標本をはじめ、里山の自然をテーマに動植物を紹介。「美人林」に囲まれており、建物には展望台もある。 DATA☎025-595-8311 住十日町市松之山松口1712-2 ¥入館500円 🕒9～17時（冬期は開館時間の変更あり）休火曜(祝日の場合は翌日) 交バス停堺松から徒歩35分 P100台 MAP P83A1

湯本

まつのやまおんせんせんたー たかのゆ
松之山温泉センター 鷹の湯

松之山温泉の源泉の一つ「鷹の湯」

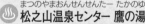

かつて塩がとれたというほど塩分が濃いため、湯冷めしにくい。露天風呂と内湯がある。 DATA☎025-596-2221 住十日町市松之山湯本18-1 ¥入浴500円（小学生未満無料）🕒10～21時（受付終了は20時30分）休第2・4木曜（祝日の場合は翌日休み）交バス停松之山温泉から徒歩2分 P12台 MAP P83A1

湯本

ひのでや
日の出家

温泉街に立つ人気ラーメン店

日本海側の地方で「あご」とよばれる、トビウオでだしをとったあごだしらーめん800円が評判。餃子450円もおすすめ。 DATA☎025-596-2491 住十日町市松之山湯本19-2 🕒11～14時、17～21時 休第2・4木曜 交バス停松之山温泉から徒歩2分 P松之山温泉街専用駐車場利用20台 MAP P83A1

湯本

じゅういちやしょうてん
十一屋商店

松之山温泉銘菓・しんこ餅を味わおう

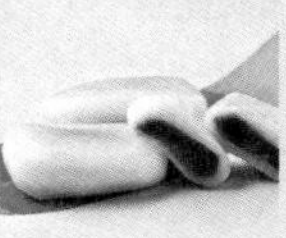

名物のしんこ餅を販売するみやげ店。松之山産コシヒカリの上新粉で作る餅は、やわらかいのにコシがある。中に入っている甘さ控えめのこし餡との相性もいい。 DATA☎025-596-3355 住十日町市松之山湯本9-1 🕒8時30分～18時30分 休不定休 交バス停松之山温泉から徒歩3分 Pなし MAP P83A1

木を剥いだ「へぎ」という器に「手繰り」とよばれる技法で盛り付けるへぎそば。薬味は和ガラシを使うのが一般的です。

開湯百年の「もっと美人になれる温泉」月岡温泉をお散歩してみましょう

全国有数の硫黄含有量を誇る美しいエメラルドグリーンの美肌の湯。温泉街には和洋菓子や米菓、地酒などおいしいがあふれています。

月岡温泉ってこんなところ

新発田市街の南方約6㎞の田園地帯にある温泉街。大正4年(1915)に開湯して以来人気を集める新潟市の奥座敷で、今では「もっと美人になれる温泉」として知られる。温泉街の中心部には古い店舗などをおしゃれに再生した飲食店やショップなど、ユニークなスポットが続々と誕生。

☎0254-32-3151(月岡温泉旅館協同組合) 交日本海東北自動車道豊栄新潟東港ICから約13㎞

1 ジョニー・ディップソース650円～ 2 笹川流れの塩を使った塩ミルクプリンのジェラートなど600円～ 3 店内にはイートインスペースがある

にいがたさいか ぷれみあむ あぐり みのり

新潟菜果 premium AGRI 実 MINORI

地元産のジェラートを味わう

新潟産を中心に国産果実と野菜で作るジェラート、地元産ヨーグルトと銘酒・八海山の麹甘酒を使ったスムージーの専門店。フルーツや野菜がテーマの加工食品も。

☎0254-32-1101(蔵) 住新発田市月岡温泉566-5 ⏰9時30分～12時、13～18時 休水曜 Pなし MAP P91A2

にいがたじざけ ぷれみあむ さけ くら

新潟地酒 premium SAKE 蔵 KURA

新潟の銘酒を飲み比べ

新潟県内のすべての酒蔵からプレミアム日本酒を集めたスポット。購入はもちろん、1回600円で3銘柄を選んで試飲ができる。ほかに、新潟各地の特産品なども販売。

☎0254-32-1101 住新発田市月岡温泉566-5 ⏰9時30分～12時、13～18時 休火曜 Pなし MAP P91A2

1 壁一面にズラリと新潟の銘酒が並ぶ 2 新潟の酒の奥深い魅力を飲み比べしよう

夜の温泉街散策を楽しく

色とりどりの行灯が50本並ぶ月あかりの庭は、夜の温泉街散策にぴったり。浴衣と一緒に撮影すれば、SNS映えすること間違いなし。庭園の奥には、照明が水面に映り込む水辺ゾーンも配置。

にいがたべいか ぷれみあむ せんべい でん

新潟米菓 premium SENBEI 田 DEN

世界で唯一のせんべいを焼こう

米どころ・新潟ならではの米菓を販売。店内に設置された焼き台で絵や文字を自由に書いて焼ける手焼き体験（1250円、所要30分、予約不要）ができる。

☎0254-32-1101（蔵）住新発田市月岡温泉562-1 ⏰9時30分～13時、14～18時 休月・金曜 Pなし MAP P91A2

1 せんべいの手焼きを体験しよう! 2 手焼きせんべいや割せんべいなどを販売 3 中央にあるのがせんべいの焼き台

つきおかわくわくふぁーむ

月岡わくわくファーム

地産地消グルメが楽しめる

地産地消と食育がテーマの複合施設。農産物直売所、和菓子店、ジェラート店に加え、イタリア料理店、手打ち十割そばの店が軒を並べている。

☎0254-32-0909 住新発田市月岡408 ⏰店により異なる 休無休 P120台 MAP P91A2

◀にんじんジュース1000㎖ 637円

▼朝どれの新鮮な野菜や特産物が並ぶ

のうさんぶつちょくばいじょ わくわくふぁーむつきおかてん

農産物直売所 わくわくファーム月岡店

地元の生産者による新鮮な野菜、花、果実、米などが並ぶ。各種加工物や特産品も揃う。

☎0254-32-0831 ⏰9～18時

なかのぼくじょう なちゅらる*じぇらーと

なかの牧場natural*gelate

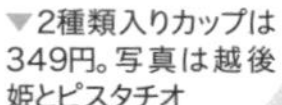

▼2種類入りカップは349円。写真は越後姫とピスタチオ

新発田市内の中野牧場直送の搾りたてミルクと、地元産の旬の野菜や果物を使った手作りジェラートが食べられる。

☎0254-32-0909（月岡わくわくファーム）⏰9時30分～18時

船頭さんの歌声響く阿賀野川へ ライン舟下りで四季の風景を楽しむ

日常生活ではなかなか見ることのできない雄大な自然美に出合える阿賀野川。新緑や紅葉など四季に移り変わる風景を、遊覧船から楽しみましょう。

ここに注目！
季節ごとにさまざまな景色を楽しむことができる

1春から夏にかけては緑あふれる山々を楽しむことができる 2カエデやブナが色づく紅葉は10月下旬～11月上旬が見頃 3冬は水墨画のような雪景色を楽しむ雪見舟コースもおすすめ 4新就航ジェット船のイザベラ・バードは冷暖房完備

所用時間 約40分

あがのがわらいんふなくだり
阿賀野川ライン舟下り

移り変わる四季の風景を船から楽しむ

道の駅 阿賀の里を発着地として運航する遊覧船。取手橋の手前まで川を遡った後、咲花温泉周辺まで下る周遊ルートで、所要時間は約40分。ガイド役の船頭さんの巧みな話術や舟唄も好評。通年運航で、冬期の雪見舟コースも風情たっぷりで人気がある。

☎0254-99-2121（道の駅 阿賀の里）¥乗船2000円～ 🕒9～15時の毎正時出航（季節により変動あり）休荒天時など P道の駅 阿賀の里駐車場利用 MAP P93A1

発着所はココ

みちのえき あがのさと
道の駅 阿賀の里

川下りを楽しんだ後に立ち寄りたい

阿賀野川ライン舟下りの発着所がある道の駅。地元の食材や地酒などが揃う物産館のほか、軽食コーナーやカフェも人気。

☎0254-99-2121（道の駅 阿賀の里）住阿賀町石間4301 🕒9～17時（12～3月は～16時30分）休無休（冬期は天候などにより休館あり）交JR東下条駅から徒歩10分。または磐越自動車道安田ICから約9㎞ P370台 MAP P93A1

ぶっさんかん ゆめぐら
物産館 夢蔵

地酒や地元産コシヒカリ、漬物など、特産品が満載。

あが米セット800円。阿賀町産100%のコシヒカリで握るおにぎりはにぎわい亭で食べられる

趣ある町家の食事処
「川港茶屋 塩屋橋」

古い町家の食事処。かき揚げおろしそば1200円は巨大なかき揚げがのりボリューム満点。阿賀野川流域ならではの"せがい造り"の町家の雰囲気もそばの味を引き立てる。
☎0254-92-2073 MAP P93C1

阿賀野川周辺の
おすすめスポット

きつねのよめいりやしき
狐の嫁入り屋敷

狐火伝説と奇祭の世界を楽しむ

麒麟山(きりんざん)に伝わる狐火伝説と、例年5月（2023年は10月8日）に行われる奇祭「つがわ狐の嫁入り行列」を紹介。狐のメイク体験1000円や面作り体験1600円などもできる。

DATA ☎0254-92-0220 住阿賀町津川3501-1 ¥入館無料（体験は有料）🕒9～16時 休木曜（祝日の場合は翌日）交JR津川駅から徒歩20分 P約15台 MAP P93C1

かえつしゅぞう
下越酒造

品質にこだわった正統派の酒造り

明治13年（1880）創業。店頭で麒麟や蒲原などの地酒を販売している。新潟でも珍しい長期熟成酒を含むバラエティー豊かな利き酒が楽しみ。酒蔵見学（要予約）も行う。

DATA ☎0254-92-3211 住阿賀町津川3644 🕒8～17時 休日曜、祝日（土曜は不定休、要問合せ）交JR津川駅から徒歩20分 P4台 MAP P93C1

えかきのやど ふくせん
絵かきの宿 福泉

多くの画家も魅了した絶景を一望

阿賀野川と周辺の山々を描くため、多くの画家が宿泊してきたことが名前の由来。全客室や大浴場、露天風呂から景色を一望。貸切露天風呂は要予約で45分1210円。夕食は地元の食材による会席料理。

DATA ☎0254-92-3131 住阿賀町鹿瀬5886 ¥1泊2食付1万3750円～ 🕒IN15時／OUT11時 休週に1度不定休あり 交JR津川駅から車で8分 P30台 MAP P93C1

ほてるつのがみ
ホテル角神

地元の食材を生かした郷土料理に舌鼓

角神湖畔の高台に立つリゾートホテル。本館と別館からなり、湖を見下ろす露天風呂が好評だ。春の山菜や阿賀町産減農薬コシヒカリなど、地元の食材を活用し、郷土の味覚も加えた料理は季節感豊か。

DATA ☎0254-92-2610 住阿賀町鹿瀬11840 ¥1泊2食付1万4450円～ 🕒IN15時／OUT10時 休無休(要問合せ) 交JR鹿瀬駅から車で7分 P100台 MAP 折込裏D3

村上で町屋をのんびりさんぽ&絶品鮭料理に舌鼓

江戸期の町人町の名残が数多く残る街、村上。当時の面影をとどめる町屋を巡った後は、村上が誇る伝統の鮭料理を味わいましょう。

まちやのぎゃらりー やまきち
町屋のギャラリー やまきち

まずはここで町屋を知ろう

もとは鮮魚商の町屋で、現在は工芸品やみやげなどを展示・販売するほか、不定期で個展も開催。当主の説明を聞きながら、かつて商談に使われた土間や座敷、「さかなや」の文字がある自在鉤など、建物内を細部まで見学できる。

☎0254-52-2604 住村上市肴町8-4 ¥入館無料 ◷10～16時 休不定休※個展開催中は火曜(祝日の場合は翌日) 交JR村上駅から徒歩14分 P3台 MAP P95A1

❶町屋が多い肴町にあり、屋根は道路に向かって下がる「平入り」 ❷入口から奥まで土間が続く

重厚な造りの茶の間や土間に置かれた台などに作品や商品を展示

江戸時代にタイムスリップした茶の間

❶店内ではお煎茶セット、お抹茶セット(ともに和菓子付き)各880円～が楽しめる ❷町屋散策の合間の小休止にもいい

ここのえん
九重園

老舗らしい重厚な造りの町屋

文化文政年間(1804～30)以来、茶造り一筋の老舗で、煎茶の舞鶴90g2160円など、"北限の茶"として有名な村上銘茶を販売。店内奥で江戸時代の町屋造りが見られる。

☎0254-52-2036 住村上市小国町3-16 ◷9時～17時30分 休無休 交JR村上駅から徒歩15分 P10台 MAP P95A1

せんねんざけ きっかわ
千年鮭 きっかわ

村上の"鮭文化"を体感しよう

塩引鮭をはじめとした鮭加工品を製造・販売。村上の伝統手法を守り、添加物は一切使わない。建物は典型的な町屋造で、今も生活空間として使われている。1000匹もの鮭が吊り下げられ、通年見学できる。

☎0254-53-2213 住村上市大町1-20 ◷9時～17時30分 休無休 交JR村上駅から徒歩25分 P15台 MAP P95B1

❶鮭の昆布巻き1本907円。そのほか季節の限定商品もある ❷大きなのれんが目を引く、風情たっぷりの店

熟成中の鮭が吊るされており目を引く

❶鮭のランチコース5000円は、鮭の前菜、蒸し物、刺身、揚げ物、焼き物、村上三面川のはらこなど充実したコース

りょうてい のとしん
料亭 能登新

ランチで手軽に鮭料理の数々を

安永6年（1777）創業の歴史を誇る老舗料亭。村上堪能コース6600円～は、村上牛と鮭という2大名物を両方とも楽しめる。

☎0254-52-6166 住村上市飯野2-1-9 ⏰11時30分～14時(13時30分LO)、17～23時(22時LO) 休不定休 交JR村上駅から徒歩20分 P20台 MAP P95B1 ※個室1人1000円、サ別

❷創業当時は現在の能登新の裏通りに店を構えていたが、大正時代に現在の場所へ移転

丼もおすすめ

はらこちゃや
はらこ茶屋

イヨボヤ会館に隣接する食事処。写真は鮭せいろ1430円。

☎0254-52-1717 住村上市塩町13-34サーモンハウス2階 ⏰11時30分～14時30分LO、夜は要問合せ 休無休 交JR村上駅から徒歩20分 P134台（イヨボヤ会館と共用） MAP P95A1

かっぽう ちどり
割烹 千渡里

村上牛や鮭料理など多彩な料理が揃う。鮭はらこ丼3300円は塩引鮭とはらこがたっぷり。

☎0254-53-6666 住村上市細工町2-14 ⏰11時～売り切れ次第終了、17時～21時30分LO（火～木曜は夜のみ営業） 休日曜、ほか不定休あり 交JR村上駅から徒歩15分 P15台 MAP P95B1

村上の鮭料理を代表する塩引鮭

塩引鮭とは、村上の気候風土のなかで時間をかけ、熟成により生まれる独特の味わいをもつ鮭。

©千年鮭 きっかわ

❶鮭フルコースは写真のほか、どんびこ（心臓）など予算に応じて10品～が並ぶ

かっぽう よしげん
割烹 吉源

伝統の味をフルコースで

江戸後期創業の老舗料亭。村上牛料理と10月下旬～12月上旬限定の鮭料理が名物。昼食5500円～、夕食6500円～。いずれも料理10品以上で完全予約制も。

☎0254-52-2155 住村上市寺町4-18 ⏰11時30分～13時、17～19時(いずれも入店時間) 休不定休 交JR村上駅から徒歩22分 P15台 MAP P95B1

❷建物は重厚な和風建築で、国の登録有形文化財になっている

上越市立水族博物館うみがたりで 日本海を身近に感じましょう

上越市の代表的な観光スポット「うみがたり」。至近距離で観察できるさまざまな海の生きものや、水槽と海が一体化したように見えるスポットなど魅力がたくさんあります。

じょうえつしりつすいぞくはくぶつかん うみがたり

上越市立水族博物館 うみがたり

約300種4万5000点の水生生物を展示

2023年6月に開館5周年を迎える水族館。日本海に生息する生きものを間近で見られ、マゼランペンギンは日本一の飼育数を誇る。

☎025-543-2449 住上越市五智2-15-15 ¥1800円 ⏰10～17時（季節により変動あり）休無休 交JR・えちごトキめき鉄道直江津駅から徒歩15分 P約580台 ※営業時間や当日のイベントスケジュールについては、公式HP(umigatari.jp)で確認を MAP折込裏A5

イルカスタジアムで繰り広げられる迫力満点のジャンプは必見

どるふぃん ぱふぉーまんす

ドルフィン パフォーマンス

イルカの高い能力をみせる人気のパフォーマンス

3階イルカスタジアムで音楽に乗せてイルカがダイナミック&リズミカルにジャンプするドルフィンパフォーマンス（写真上）、冬期には2階イルカホールで水中ドルフィンパフォーマンス（写真下）が開催される。

パフォーマンスタイム

パフォーマンスは約10分間。季節や時間によって実施場所や内容が異なるため、何度も足を運びたくなる。おでかけ前にHPで詳細を確認しよう。

1イルカとトレーナーの息もぴったり 2トレーナーとイルカの優雅な動きが魅力の冬期限定水中ドルフィンパフォーマンス

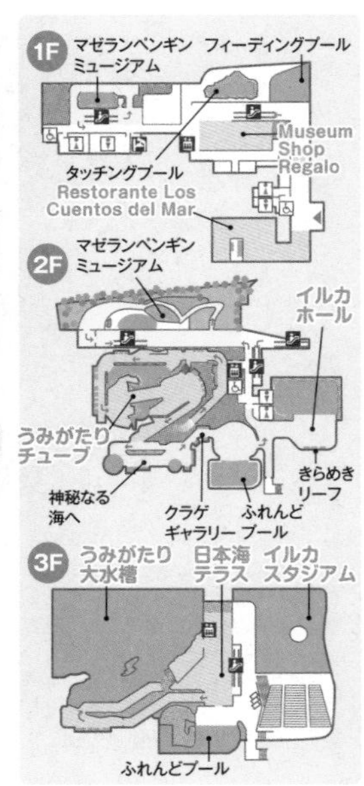

まぜらんぺんぎんみゅーじあむ
マゼランペンギンミュージアム

飼育数は100羽以上で日本一！

マゼランペンギンの一大生息地である、アルゼンチン共和国のプンタトンボを再現した展示エリアで、ペンギンたちがプールを泳いだり、のんびりしたりなど、さまざまな姿が間近で見られる。

個性豊かなペンギンたちに注目

1 海底地形を1万分の1のスケールで再現 2 360度アクリルガラスに囲まれた「うみがたりチューブ」

うみがたりだいすいそう
うみがたり大水槽

日本海上越沖の独特の生態系を再現

自然光が降り注ぐなか、イワシの群泳やコブダイ、ホシエイなど約50種3万8000点を展示。角度によって見られる生きものや景色が違って見えるのも特徴。

にほんかいてらす
日本海テラス

いつまでも眺めていられる穏やかで広い海

「うみがたり」はその立地を生かして、日本海とのつながりを意識した展示がいくつも見られる。なかでも3階にある「日本海テラス」は、うみがたり大水槽の水面と日本海の海面の境界が一体となり、広大な海を眺めているような絶景を楽しめる造りになっている。

1 うみがたり大水槽の水面と日本海が一体となっているように見える
2 天気がよければ、佐渡島や能登半島まで見渡せるとか

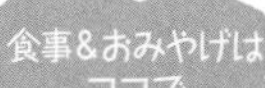
食事&おみやげはココで

れすとらんて ろす くえんとす でる まーる
Restorante Los Cuentos del Mar

さまざまな料理が味わえるレストラン。入館料不要で利用でき、水槽内を泳ぐさまざまな生きものを眺めながら、食事が楽しめる。

野菜カレー1250円（上）とミラネッサ・チキンサンド（パニーニ）500円（下）

みゅーじあむ しょっぷ れがーろ
Museum Shop Regalo

キュートなぬいぐるみから水族館の動物をモチーフにしたお菓子まで、さまざまなおみやげが購入できるショップ。

上越ペア マゼランペンギン2400円（上）と上越ドルフィンパーククッキー（24枚入り）1350円（下）

新潟タウンからひと足延ばして ● 上越市立水族博物館 うみがたり

「Restorante Los Cuentos del Mar」ではサメのフライを使用したサメフライパニーニも人気です。

心と身体をのんびり開放 おこもり温泉宿

観光地を巡るのもいいけど、たまには宿でのんびりしませんか。
良質な温泉とおいしい食事で至福のひとときを満喫しましょう。

村杉温泉

かんすいろう
環翠楼

広大な自然に囲まれて のんびり部屋食を楽しむ

6000坪の広大な森の中に明治・大正期建築の離れが点在。客室はわずか9室で、どの部屋からも四季折々の美しい景色を眺められる。食事は夕食も朝食も部屋出し。静かな緑に囲まれ、心も体も癒やすことができる。村杉温泉は全国でも貴重なラジウム温泉。効能が高く婦人病にも効果があることから「万病の湯」「子宝の湯」ともいわれている。静かな温泉宿でゆったりと温まろう。☎0250-66-2131 住阿賀野市村杉4527 交バス停村杉温泉から徒歩3分 P40台 ●木造2階建て ●全9室 ●泉質：放射能泉●風呂：内湯2 露天なし 貸切1 MAP折込裏D3

……料 金（1泊2食付）……
- 平 日 2万3000円～
- 休前日 2万5000円～
- IN 15時 OUT 10時

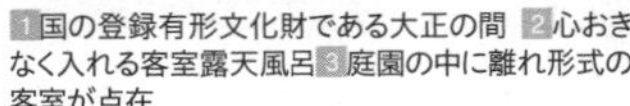

1国の登録有形文化財である大正の間 2心おきなく入れる客室露天風呂 3庭園の中に離れ形式の客室が点在

岩室温泉

こしのやど たかしまや
髙志の宿 髙島屋

美しい庭園を眺め 心安らぐ癒やしの時間

本館は国登録有形文化財であり、築270年の庄屋屋敷。明治天皇も訪れたことで知られる名旅館。竹林や四季の花が美しい広い庭園も必見。地元産の野菜がたっぷりの夕食もおすすめ。

☎0256-82-2001 住新潟市西蒲区岩室温泉678 交バス停岩室から徒歩2分（JR岩室駅から送迎あり、要予約）P30台 ●木造2階建て ●全18室 ●泉質：ナトリウム・カルシウム塩化物泉 ●風呂：内湯2 露天2 貸切なし MAP折込裏C3

1国登録有形文化財になっているロビー
2名物料理の一品「のど黒塩釜焼」

……料 金（1泊2食付）……
- 平 日 2万6000円～
- 休前日 3万1500円～
- IN 15時 OUT 11時

 源泉かけ流し 部屋食 エステあり 禁煙ルームあり 大浴場あり ひとり宿泊OK

鷹の巣温泉

つりばしとはなれのやど たかのすかん

吊り橋と離れの宿 鷹の巣館

吊橋を渡ると始まる 自分だけの非日常空間

荒川の渓谷美に囲まれた隠れ宿。吊橋を渡ると、そこにはまさに日常とかけ離れた時間が流れている。部屋ごとに大きさや造り、湯処など趣が異なる。

☎0254-64-1009 住関川村湯沢1072 交JR越後下関駅から車で8分 P30台 ●本館:木造2階建て、離れ:木造1階建て ●全12室 ●泉質:塩化物硫酸塩泉、ナトリウム塩化物泉 ●風呂:内湯2 露天2 貸切なし、離れには客室ごとに内湯と露天がある MAP折込裏D2

1本館には大浴場と露天風呂がある 2荒川の渓谷美を眺めてくつろげる

……料 金（1泊2食付）……
- 本館 1万8850円～
- 離れ 2万4350円～
- IN 15時 OUT 10時

五泉市・咲花温泉

いっすいそう

一水荘

美しいエメラルドの温泉の後は 地元産の料理に舌鼓

咲花温泉街の山側にある閑静な雰囲気の宿。"地産地消"の料理を楽しめるほか、貸切露天風呂（宿泊者は1回無料、要当日予約）も好評。エメラルドグリーンの天然温泉は体を包みこむようなやわらかさがあり、美肌効果も期待できる。☎0250-47-2231 住五泉市佐取7209 交JR咲花駅から徒歩3分 P20台 ●鉄骨造2階建て ●全14室 ●泉質：ナ含硫黄-ナトリウム・カルシウム-塩化物・硫酸塩泉 ●風呂:内湯2 露天1 貸切1 MAPP93A1

1エメラルドグリーンの天然温泉は、全国的にも珍しい 2居心地のよい和室

……料 金（1泊2食付）……
- 平 日 1万3350円～
- 休前日 1万6650円～
- IN 15時 OUT 10時

栃尾又温泉

じざいかん

自在館

趣ある老舗宿で 心身を癒やす温泉を楽しむ

創業約400年、江戸時代から続く老舗宿。霊泉「したの湯」は万病に効くとされるラジウム泉。霊泉「おくの湯」や「うえの湯」もあり、湯めぐりが楽しい。夕食は体にやさしい一汁四菜の「山家料理」。

☎025-795-2211 住魚沼市上折立66 交バス停栃尾又温泉からすぐ(送迎あり、要問合せ) P20台 ●旧館：木造3階建て、本館：鉄筋3階建て ●全28室 ●泉質:単純放射能泉 ●風呂:内湯3 露天なし 貸切1 MAP折込裏C5

11200年以上前に開湯した栃尾又温泉 2窓外に山の緑が広がる客室

……料 金（1泊2食付）……
- 平 日 1万7270円～
（休前日、正月、GW、お盆は要問合せ）
- IN 15時 OUT 11時

思わず息をのむほど美しい 絶景が自慢の温泉宿

自慢の名湯に浸かりながら、目の前には海・山・空の美しい景色……。
開放感抜群の露天風呂で贅沢な時間を過ごしましょう。

芝峠温泉

まつだいしばとうげおんせん「うんかい」

まつだい芝峠温泉「雲海」

幻想的な風景に出合える 雲上の露天風呂

標高約400mの芝峠の頂上に立ち、露天風呂や客室から雲海と棚田を見下ろすことができる旅館。南魚沼産のコシヒカリなど、厳選した地元食材を使用した夕食も評判。

☎025-597-3939 住十日町市蓬平11-1 交北越急行まつだい駅から車で7分 P70台 ●鉄筋コンクリート4階建て ●全23室 ●泉質：塩化物泉 ●風呂：内湯2 露天2 MAP P83A1

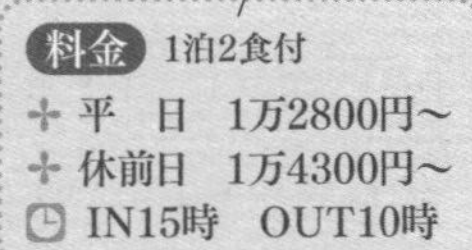

料金 1泊2食付
平日 1万2800円～
休前日 1万4300円～
IN15時 OUT10時

日帰り入浴OK!
¥入浴600円 🕒10～20時（冬期は～18時）休水曜

1 立ち寄り客でも「雲海の湯」は利用可能。雲海は9～11月の早朝に発生する確率が高い 2 十日町と津南町から仕入れた食材が中心の夕食 3 純和風の各客室からも雲海が見られる

1 朝日と雲海が広がる最高のロケーション
2 部屋によっては、山々の景色や野尻湖を見ることができる

赤倉温泉

あかくらかんこうほてる

赤倉観光ホテル

目の前に広がる絶景を眺め ゆっくりくつろげる快適空間

85余年の歴史をもつ高原リゾートに宿泊。標高1000mからの絶景、源泉かけ流しの温泉を堪能したい。入浴後はレストラン&バーで楽しむのもよい。

☎0255-87-2501 住妙高市田切216 交えちごトキめき鉄道妙高高原駅から無料送迎バスで10分（要予約） P76台 ●本館：鉄筋7階建て ●全69室 ●泉質：カルシウム・マグネシウム・ナトリウム・硫酸塩・炭酸水素塩泉 ●風呂：内湯2 露天2 貸切1 MAP 折込裏A6

料金 1泊2食付
平日 2万9650円～
休前日 3万5650円～
IN15時 OUT11時

源泉かけ流し 部屋食 エステ有り 禁煙ルーム有 大浴場有 ひとり宿泊OK

月岡温泉

べってい こしのさと

別邸 越の里

米どころならではの絶景 広大な田園風景を一望

国内屈指の硫黄成分含有量を誇る、エメラルドグリーンの自家源泉をもつ。広大な田園風景や遠くに連なる山々からは、自然の音や季節の薫りが運ばれてくる。客室は全20室のプライベートスイートルームのみ。フロア毎にコンセプトがあり、それぞれ趣が異なる。料理の鉄人・大田忠道監修の夕食が好評。新潟の豊富な山の幸、海の幸、川の幸を楽しむことができる。

☎0254-32-3030 住新発田市月岡温泉134 交JR豊栄駅からぷらさんシャトルバス月岡温泉行きで20分、終点下車すぐ(要予約) P150台 ●鉄筋コンクリート7階建て ●全20室 ●泉質：含硫黄ナトリウム塩化物硫酸塩泉 ●風呂：内湯2 露天2 貸切2 MAP P91A2

1 客室の展望露天風呂からは里山と田園が見られる 2 夕食では素材の味を生かした上品な品々を少しずつ提供

料金 1泊2食付
- 平日 4万9650円～
- 休前日 5万5150円～
- IN14時30分 OUT11時

瀬波温泉

たいかんそう せなみのゆ

大観荘 せなみの湯

大空の下に広がる日本海を眺め 名湯に癒やされる

源泉かけ流しの展望檜風呂や大浴場、客室など、館内のいたるところから日本海を眺められる旅館。近海の鮮魚や村上牛、コシヒカリなど地元食材を使った会席料理の評判が高い。プランによって、部屋食か食事処での夕食かが異なる。日本海の新鮮な海の幸や、村上牛の料理など追加注文も可能である。☎0254-53-2131 住村上市瀬波温泉2-10-24 交JR村上駅から車で9分(JR村上駅から送迎あり、要予約) P50台 ●そよかぜ：鉄筋7階建て、はまかぜ：鉄筋4階建て、たいかん：鉄筋4階建て ●全81室 ●泉質：ナトリウム-塩化物泉 ●風呂：内湯4 露天4 貸切2 MAP 折込裏D2

日帰り入浴OK！

¥入浴1000円 13～15時 休不定休※要問合せ

1 保温効果が高く湯冷めしにくい露天風呂 2 美しい夕日を見ながら食事を楽しむこともできる

料金 1泊2食付
- 平日・休日前 1万6650円～
- IN15時 OUT10時

海・山・川で壮大に咲き誇る越後3大花火大会は必見です

長岡を筆頭に越後の夏の夜を盛り上げる3つの花火大会。
打ち上げ場所に合わせて「海の柏崎」「川の長岡」「山の片貝」とよばれています。

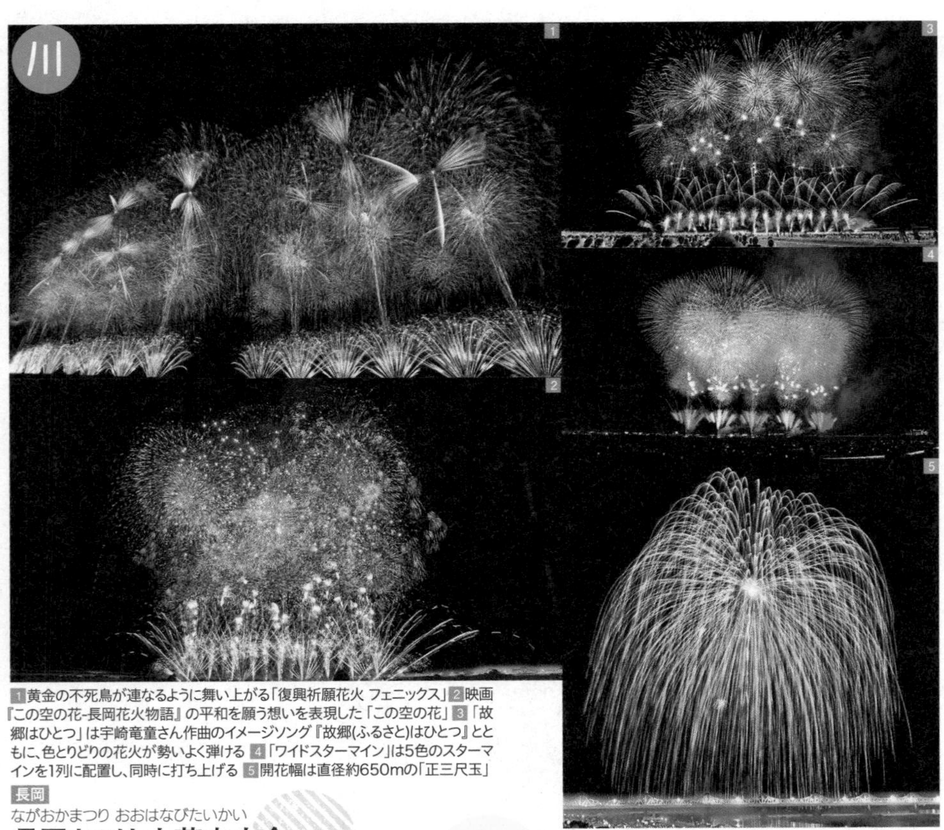

1 黄金の不死鳥が連なるように舞い上がる「復興祈願花火 フェニックス」 2 映画『この空の花-長岡花火物語』の平和を願う想いを表現した「この空の花」 3「故郷はひとつ」は宇崎竜童さん作曲のイメージソング『故郷(ふるさと)はひとつ』とともに、色とりどりの花火が勢いよく弾ける 4「ワイドスターマイン」は5色のスターマインを1列に配置し、同時に打ち上げる 5 開花幅は直径約650mの「正三尺玉」

長岡

ながおかまつり おおはなびたいかい

長岡まつり 大花火大会

慰霊と平和を祈る独自の演出に感動

日本一の大河・信濃川を舞台に大輪の花を咲かせ続ける日本三大花火大会の一つ。多彩な演出もみどころで、長岡市民の想いが込められた平和を願う花火に、感動して涙を流す人も。

☎0258-39-0823（一般財団法人長岡花火財団）
住長岡市長生橋下流信濃川河川敷 ⏰8月2・3日開催予定 交JR長岡駅から徒歩30分 MAP P79A1・2

楽しみ方アドバイス

・会場周辺は駐車禁止

長岡ICから約4㎞にある国営越後丘陵公園（→P81）の駐車場（有料）から、会場付近までシャトルバスが運行（所要約25分）されているので利用しよう。

・観覧場所をチェック

長岡駅からアクセスした場合は右岸（長岡駅側）から、国営越後丘陵公園からシャトルバスでアクセスした場合は左岸（長岡IC側）で見るのがおすすめ。

・交通規制とトイレを確認

当日は、JR長岡駅側の右岸と長岡IC側の左岸をつなぐ橋が交通規制で渡れなくなるので注意しよう。会場には仮設トイレが800基以上設置される。

おみやげにおすすめ！
花火スイーツ

サブレ、パッケージとも復興祈願花火フェニックスをデザイン。CoCoLo長岡「越後のれん街」でGW～10月ごろ販売。
☎0258-36-1304
MAP P79A1

柏崎

ぎおんかしわざきまつり うみのおおはなびたいかい

ぎおん柏崎まつり 海の大花火大会

海の広さを生かした圧巻の花火

3日間にわたり開かれるぎおん柏崎まつりの最終日を飾る。1時間40分間に約1万6千発もの花火が打ち上げられる。海だからこそできる花火に注目したい。☎0257-21-2334（柏崎市役所商業観光課）住柏崎市中央海岸、みなとまち海浜公園一帯 ⏲7月26日開催予定 交JR柏崎駅から徒歩25分 MAP折込裏B4

1 開花直径300mの尺玉を100発同時に打ち上げる「尺玉100発一斉打上」
2 「海中空スターマイン」は海へ向かって斜めにスターマインが打ち出され、空や海面に花が開く

片貝

かたかいまつり（あさはらじんじゃしゅうきれいたいさいほうのうだいえんか）

片貝まつり
（浅原神社秋季例大祭奉納大煙火）

大きさは世界一の大迫力花火

尺玉を中心に2日間で約1万5000発打ち上げられる。花火は全国の個人や企業から奉納されたもので、1発ごとにメッセージが読み上げられる。破裂音が後ろの山に反射して大迫力と評判。

☎0258-84-3900(片貝町煙火協会) 住小千谷市片貝町 ⏲9月9・10日開催予定 交JR小千谷駅から越後交通バス長岡行で20分、二之町バス停下車、徒歩10分 MAP折込裏B4

1 「世界一四尺玉」は片貝まつりの目玉で、夜空に直径800mの大輪が花開く
2 地元の中学校の卒業生が、人生の節目に奉納するスターマインが名物

長岡まつり 大花火大会の「復興祈願花火 フェニックス」には何度被害に遭っても不死鳥のように蘇るというメッセージが込められています。

新潟への交通

新潟へのメインの交通は、東京から越後湯沢、長岡を通り新潟へ向かう上越新幹線。名古屋・大阪などからは飛行機が便利。高速バスも、夜行便・昼行便の両方があります。

新幹線・鉄道で行く

※所要時間は目安で、利用する列車によって異なり、乗り換え時間を含んでいます　※ねだんは、運賃と特急料金(通常期の普通車指定席)を合計したものです

高速バスで行く

地域	出発地	経由・行き先〈バス愛称名〉	問合せ先	片道ねだん	所要時間	便数(1日)
首都圏	新宿南口(バスタ新宿)	湯沢〜小出〜長岡北〜三条・燕〜新潟駅前＊	西武バス	3200〜7900円	5時間12〜27分	☆6〜9便
	新宿南口(バスタ新宿)	柏崎駅前〜高田駅前〜直江津駅前	西武バス	4600〜7000円	5時間51分〜6時間31分	☆運休中
	新宿南口(バスタ新宿)	燕三条駅または長岡駅大手口〜新潟駅南口	ウィラー	3000〜8900円	6時間5分〜50分	☆2〜3便
東北	仙台駅東口	新潟駅前＊〈WEライナー号〉	JRバス東北	3900〜5500円	4時間13分〜5時間38分	☆4〜8便
	山形駅前	下関〜新潟駅前＊	山交バス	3980円	3時間43分	2便
	郡山駅前	新潟駅前＊	福島交通	3200円	2時間46分	2便
	会津若松駅前BT	津川インター前〜三川〜新潟駅前＊	会津バス	2100円	1時間56分	2〜4便
中部・北陸	長野駅前	長岡北〜三条・燕〜新潟駅前＊	長電バス	3500円	3時間39分	4便
	富山駅前	長岡北〜三条・燕〜新潟駅前＊	富山地鉄バス	4900円	3時間52分	2便
	金沢駅東口	長岡北〜三条・燕〜新潟駅前＊	北鉄バス	5000円	4時間42分	2便
	名古屋(名鉄BC)	長岡北〜三条・燕〜新潟駅前＊	名鉄バス	5000〜9700円	6時間59分〜7時間	☆1〜2便
関西	大阪梅田(阪急三番街)	新大阪〜京都駅八条口〜三条・燕〜新潟駅前＊	阪急観光バス	8700〜1万200円	9時間24分	☆運休中
	WBT大阪梅田	京都駅八条口〜長岡駅大手口〜新潟駅南口	ウィラー	6600〜1万3100円	10時間10分	☆1便
	南海なんば高速BT◎	大阪駅前〜京都駅八条口〜柏崎駅前〜長岡駅東口〜東三条駅前	南海バス	8200〜9730円	10時間13分	☆1便

※BC=バスセンター、BT=バスターミナル、WBT=ウィラーバスターミナル ☆印は夜行便あり
※◎始発はJR堺市駅前で、南海堺東駅前、南海堺駅前、OCATにも停車します　＊=万代シテイBC終着または経由となります

飛行機で行く

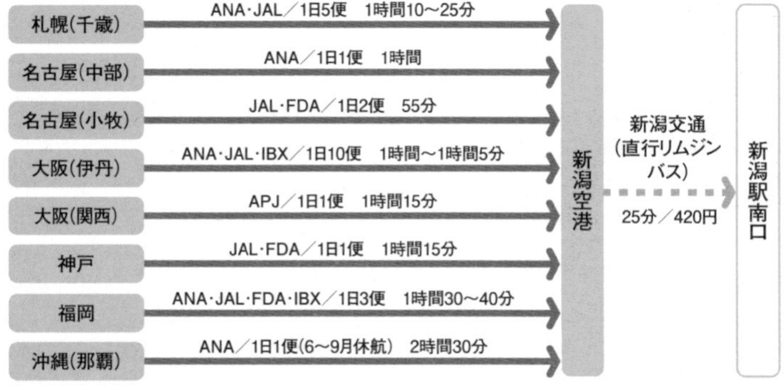

※航空の料金は、搭乗日や利用する便、航空会社の空席予測で変わります。各社のホームページでご確認ください

お得な情報を活用しよう

●えちごワンデーパス(JR東日本)

新潟駅を中心とした中越・下越エリアのJR線(右図参照)が1日乗り放題のきっぷで、1570円。別に特急券を購入すれば、上越新幹線やJR特急も利用できます。通年利用可能で、利用日の1カ月前から利用当日まで、フリーエリア内の主な駅のみどりの窓口や指定席券売機などで発売。

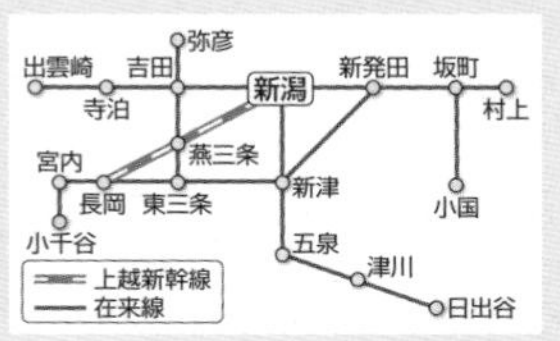

おもな問合先

鉄道

●JR東日本(お問い合わせセンター) ☎050-2016-1600

高速バス

●西武バス ☎0570-025-258
●ウィラー(予約センター) ☎0570-200-770
●JRバス東北(仙台駅東口バス案内所) ☎022-256-6646
●山交バス ☎023-632-7280
●福島交通 ☎024-536-6131
●会津バス ☎0242-22-5555
●長電バス ☎026-295-8050
●富山地鉄バス ☎076-433-4890
●北鉄バス ☎076-234-0123
●名鉄バス ☎052-582-0489
●阪急観光バス ☎0570-089006
●南海バス ☎06-6643-1007

車で行く

プランニングアドバイス

冬は雪対策を万全にして行こう

冬型の気圧配置のときの天気は、関東ではよく晴れていても、新潟県内に入ると一転して、雪模様になることが多い。 豪雪地帯で知られる中越エリアの魚沼や十日町・津南方面では格段に多くなります。ただし、「下越（かえつ）」とよばれる新潟市街周辺などでは、ほとんど雪が積もることはないです。積雪があると、路面も夕方から翌日の午前中まで凍結する場合があります。冬用タイヤが必要。心配ならチェーン、スコップ、長靴、毛布なども積んで行こう。レンタカーは、12～3月ごろは基本的にスタッドレスタイヤだが、予約の際に確認しておこう。また、日本海に面した海岸部では、強風にも注意が必要。日本道路交通情報センター以外にも、リアルタイムで道路状況が見られるサイトがあります。ライブカメラで見ることもできるので出発前に要チェック。

●**みちナビ 新潟（新潟国道事務所）**
www.hrr.mlit.go.jp/niikoku/

●**新潟県道路情報システム**
doboku-bousai.pref.niigata.jp/douro/

※所要時間は目安で、利用する列車によって異なり、乗り換え時間を含んでいます　※ねだんは、運賃と特急料金（通常期の普通車指定席）を合計したものです

佐渡への交通と島内の移動

佐渡汽船のジェットフォイルやフェリーが新潟港、直江津港（冬期休航）から運航しています。それぞれ駅～港、空港～港への乗り継ぎには時間に余裕を見ておきましょう。

佐渡への交通

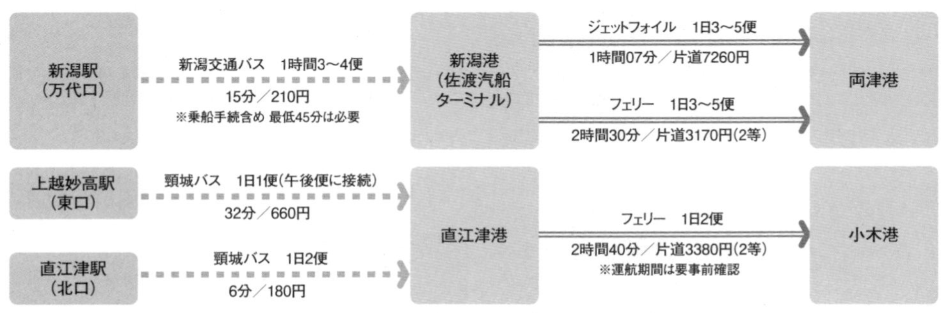

※自動車運賃は5m未満で、ドライバー1名の2等運賃を含みます。運賃は2023年4～6月のもので、燃料油価格変動調整金によって変更となる場合があります

島内のまわり方

▶レンタカーで

中心部から距離のある外海府方面など、バスの便数が少ないエリアなどへ足を延ばすなら、両津港や小木港からレンタカーの利用がおすすめ。

▶路線バスで

佐渡島内は外海府の一部区間を除き、新潟交通佐渡の路線バス網が広がっている。ただし、幹線の両津－佐和田－相川間や両津－真野－佐和田間、佐和田－真野－小木間を除き本数がかなり少ないので、事前に時刻を確かめよう。なお島内の路線バスは、Googleマップで乗降バス停を入力すると発車時刻や所要時間、運賃が検索できるので便利。

バス乗り放題dayパス

新潟交通佐渡の島内の路線バスが全線乗り放題のきっぷ。ただし定期観光バスには乗車できない。島内の観光施設や店舗で提示すると、割引等の特典付き。1日用から3日間用まであり、滞在期間に合わせて利用できます。ねだんは佐渡1dayパスが1500円、2dayパスが2500円、3dayパスが3000円。新潟交通佐渡の各営業所、案内所で発売しています。

▶レンタサイクル&レンタルバイクで

観光案内所で借りられる電動アシスト自転車「エコだっチャリ」。シティタイプ(2時間500円・1日2000円)のほか、スポーツタイプ(2時間2000円・1日4500円)もある。ヘルメットや充電器などオプションも充実し、有料で案内所間の乗り捨ても可能。レンタルバイクは両津港近くにあり、50ccで6時間3500円～。台数が少ないので予約がおすすめです。

▶タクシーで

両津港発着の観光タクシー・港タクシー(MAP折込裏H2)が便利。ドライバー案内のもと、主要観光地をひと巡りできます。

☎問合先

佐渡汽船

●ナビダイヤル
☎0570-200310
●総合案内（新潟）
☎025-245-1234
●総合案内（直江津）
☎025-544-1234
●運航状況問合せ
☎025-245-5111（新潟港）
☎0259-27-5111（両津港）
☎025-543-3791（直江津港）
☎0259-86-3110（小木港）

レンタカー

●佐渡汽船レンタカー（両津）
☎0259-27-5195
●駅レンタカー（佐渡両津）
☎0259-24-7050
●トヨタレンタカー（佐渡）
☎0259-27-2100
●ニッポンレンタカー（佐渡）
☎0259-23-4020
●タイムズカーレンタル（佐渡両津）
☎0259-24-7211
●アイランドレンタカー（両津）
☎0259-23-2455
●渡辺産商（両津）
☎0259-27-5705

バス

●新潟交通佐渡本社営業所（佐和田）
☎0259-57-5114
●佐渡両津観光案内所
☎0259-27-5164

レンタサイクル

●エコだっチャリ（両津）
☎0259-27-5000
●エコだっチャリ（相川）
☎0259-74-2220
●エコだっチャリ（小木）
☎0259-86-3200

レンタルバイク

●ローズ・レンタル（両津）
☎0259-23-2864

タクシー

●港タクシー
☎0259-27-2181

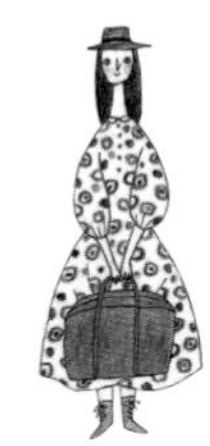

新潟・佐渡の知っておきたいエトセトラ

海と山、両方楽しめる新潟・佐渡。イベントやグルメなど出かける前に予習をしたら、もっと充実の旅が待っています。

祭り・イベント

南北に長く、沿岸部と山間部を併せもつ新潟は、歴史や文化も多様です。伝統の祭りや花火大会も盛ん。真っ白な雪の世界を舞台にした真冬のイベントも熱い！

2月中旬・下旬

十日町雪まつり

市民制作の趣向を凝らした「雪の芸術作品」の数々や、音楽ライブと花火も開催。市内各地で開催されるおまつり広場が賑やか。問合せ ☎025-757-3100(十日町雪まつり実行委員会事務局) MAP P83A1

2月下旬

おぢや風船一揆

雪原にカラフルな熱気球が約40機浮かぶ。夜は熱気球と花火の幻想的な光のショーと、ろうそくの火を灯した雪灯篭が魅力的。

問合せ ☎0258-83-3512(小千谷観光協会) MAP 折込裏B5

3月29日〜4月12日(2023年)

高田城址公園観桜会

日本三大夜桜の一つで、高田城址公園とその周辺に咲く約4000本の桜が三重櫓とともにライトアップされ華麗な装いになる。問合せ ☎025-543-2777(上越観光コンベンション協会) MAP 折込裏A5

3月下旬の土・日曜

日本海大漁浜汁まつり

道の駅 マリンドリーム能生で開催する年に一度の感謝祭。能生名物の浜汁販売やお客さんが競り落とす鮮魚競市など盛りだくさん。問合せ ☎025-566-3456(マリンドリーム能生) MAP 折込裏A5

8月2日・3日

長岡まつり 大花火大会

長岡空襲復興への想いが込められた日本三大花火大会の一つ。打ち上げ総数は国内最大級で日本一の大河・信濃川に大輪の花が咲く。問合せ ☎0258-39-0823(一般財団法人長岡花火財団) MAP P79A1・2

8月下旬

えちごせきかわ大したもん蛇まつり

関川村に伝わる大里峠伝説をもとにした夏を彩る最大のイベント。3日間の祭りの最終日には、82.8mの大蛇が村内を練り歩く。問合せ ☎0254-64-1478(関川村観光協会) MAP 折込裏D2

9月16日〜18日(予定)

にいがた総おどり

日本最大級のオールジャンルダンスフェスティバル。桐台に朴の木を差し歯に使用した下駄で踊る迫力満点の下駄総踊りは必見。

問合せ ☎025-383-6630(新潟総踊り祭実行委員会) MAP 折込表H3

11月1日〜24日

弥彦菊まつり

全国随一の規模を誇る菊花大展覧会。期間中は彌彦神社の境内が菊の花で埋め尽くされる。約3000鉢以上が並ぶ様子は圧巻。問合せ ☎0256-94-3154(弥彦観光協会) MAP 折込裏C3

なるほど！日本酒

全国一の蔵元数を誇る日本酒王国・新潟。銘酒の秘密をチェック。

どうして新潟の日本酒はおいしいの？

澄んだ軟水と米作りに適した土壌で作られた新潟県産の酒米を使用。そこに酒造ごとのこだわりが加わり、おいしく多彩なお酒が揃うから。

醸造技術はどうやって学んでいるの？

各蔵から推薦派遣された者だけが入校できる「新潟清酒学校」という場があり、そこで技術を研鑽。年間約100時間の授業のなかで、醸造技術や知識を学ぶ。

酒蔵見学や利酒体験はやっているの？

仕込みの現場を見られるだけでなく、季節限定酒などの希少種を試飲も可能。また、酒造の歴史を楽しく学べるなど、気軽に地酒に親しめるのが魅力。

自分に合った日本酒と出合うには？

酒蔵見学では試飲ができるところも多いので、訪問の際にはテイスティングしてみよう。お気に入りは蔵元併設のショップで実際に購入できるのもいい。

予約は必要？所要時間や料金は？

予約なしの酒蔵見学可能な蔵元もあるが、立ち寄るなら予約がおすすめ。スタッフが説明をしてくれる所要時間は1時間以内で、料金は無料が多い。

コレは食べておきたい

新鮮魚介、幻の米で炊いたおにぎり、雪国の郷土料理、そして島の恵みに育まれた肉。全部食べて帰りたい！

「極み」の寿司

新潟発祥で店ごとに異なる地魚10貫とお椀のセット。約50店舗で同一価格の4400円で提供。

おにぎり

米どころ新潟の絶品コシヒカリで握った極上の味。羽釜炊き、かまど炊きなど炊き方にもこだわる。

へぎそば

魚沼発祥の郷土料理。布海苔という海藻がつなぎで通常のそばよりもコシが強い。薬味は和ガラシ。

村上鮭

引き締まった身と脂のバランスがいい村上鮭。代表は塩引鮭。地元での料理方法は100種以上！

佐渡牛

佐渡生まれ、佐渡育ちの希少な佐渡牛。流通数が少ないため島外ではなかなか食べられない。

新潟断崖絶景とは？

ダイナミックな地形が特徴の新潟。海でも山でも断崖絶景が見られる。大迫力の自然のアートシーンを訪ねよう。

尖閣湾揚島遊園 (☞P59)

佐渡島きっての景勝地。一帯には入り組んだ断崖や奇岩が点在。海中透視船も運航。

津南見玉公園

津南のグランドキャニオンとよばれる中津川左岸の絶壁が見事。公園は野鳥観察ができる。

親不知・子不知

北アルプスの北端が日本海に落ち込んだ場所にある断崖絶壁。かつては北陸道最大の難所。

笹川流れ

村上市の名勝で天然記念物。奇岩の間近まで迫る遊覧船に乗船しその迫力を体感したい。

田代の七ツ釜 (☞P85)

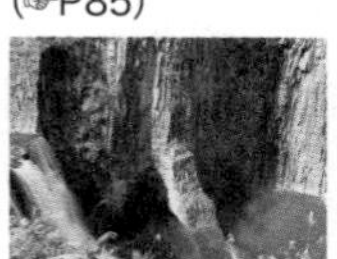

苗場山系から流れだす釜川に7つの滝つぼが連なる景勝地。国の名勝・天然記念物に指定。

新潟の温泉はコレ

開湯1200年余の名湯や、日本海の波しぶきを感じる湯、賑やかな温泉街や山間の秘湯。新潟の温泉は多彩。

岩室温泉

北陸道と中山道を結ぶ北国街道の温泉場として栄える。風情ある和風旅館が多い。

問合せ ☎0256-82-5715(岩室温泉観光協会)

月岡温泉

もっと美人になれる湯として知られる田園地帯にある温泉街。おしゃれな飲食店やショップがある。 問合せ ☎0254-32-3151(月岡温泉観光協会)

松之山温泉

温泉は日本三大薬湯の一つとされる塩分の強い湯。冬でも湯冷めしにくい美肌の湯。

問合せ ☎025-597-3442(松代・松之山温泉観光案内所)

赤倉温泉

温泉ソムリエの発祥の地として認定制度がある。文人墨客に愛されてきた温泉リゾート。

問合せ ☎0255-87-2165(赤倉温泉観光協会)

相川温泉

佐渡島の西岸にあり、日本海に沈む夕日を堪能できる。付近には佐渡金山がある。

問合せ ☎0259-74-2220(相川観光案内所)

▲新潟市岩室観光施設「いわむろや」では無料で足湯が楽しめる

新潟が舞台の作品

新潟を訪れる前に読んでおきたい名作や歴史小説、日本酒といえば新潟の酒造り物語もご紹介。

雪国

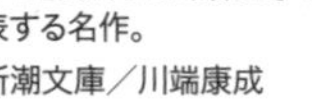

湯沢温泉が舞台の長編小説。川端康成の旅の出会いから生まれた川端文学を代表する名作。

新潮文庫／川端康成

天と地と

戦国時代を背景に天才的な軍略の才で越後を統一した上杉謙信と武田信玄の対決を描く。

角川文庫／海音寺潮五郎

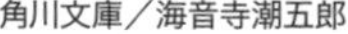

夏子の酒

新潟の造り酒屋を舞台に、まぼろしの米から吟醸酒を造ることに情熱を傾ける夏子の物語。

講談社漫画文庫／尾瀬あきら

真似したい？ 新潟弁

味わい深い方言も地域ごとに少しずつ異なる。知るといっそう楽しい旅に。

ゆきおろし → 冬の雷
びちゃる → 捨てる
つけておく → 乗せておく
じょんのび → ゆったり
おめさん → あなた
ずって → 移動して

信濃川の長さ367kmは日本一で有名ですが、国指定の重要有形民俗文化財数17件、海水浴場の数60箇所も日本一で知られています。

INDEX さくいん

新潟・佐渡

観光見どころ　寺社　プレイスポット　レストラン・食事処　カフェ・甘味処　居酒屋・BAR　みやげ店・ショップ

な

は

ま

や

ら

わ

宿泊施設　立ち寄り湯・スパ

新潟 佐渡

中部⑪

2023年6月15日初版印刷
2023年7月1日初版発行

編集人：福本由美香
発行人：盛崎宏行
発行所：JTBパブリッシング
〒135-8165
東京都江東区豊洲5-6-36　豊洲プライムスクエア11階

編集・制作：情報メディア編集部
編集デスク：東海林愛果
取材・編集：K&Bパブリッシャーズ／I&M（蟹澤純子）

アートディレクション：APRIL FOOL Inc.
表紙デザイン：APRIL FOOL Inc.
本文デザイン：APRIL FOOL Inc.
K&Bパブリッシャーズ
イラスト：平澤まりこ
撮影・写真：氏家岳寛／内田祐介／古根加南子／奥田晃司
吉岡哲雄／内藤雅子／西村浩二／岩下宗利
関係各市町村観光課・観光協会・施設／PIXTA
地図：ゼンリン／千秋社／ジェイ・マップ
組版・印刷所：佐川印刷

編集内容や、商品の乱丁・落丁の
お問合せはこちら

JTB パブリッシング お問合せ

https://jtbpublishing.co.jp/contact/service/

本書に掲載した地図は以下を使用しています。
測量法に基づく国土地理院長承認（使用）R 2JHs 293-1470号
測量法に基づく国土地理院長承認（使用）R 2JHs 294-641号

●本書掲載のデータは2023年5月末日現在のものです。発行後に、料金、営業時間、定休日、メニュー等の営業内容が変更になることや、臨時休業等で利用できない場合があります。また、各種データを含めた掲載内容の正確性には万全を期しておりますが、お出かけの際には電話等で事前に確認・予約されることをお勧めいたします。なお、本書に掲載された内容による損害賠償等は、弊社では保障いたしかねますので、予めご了承くださいますようお願いいたします。●本書掲載の商品は一例です。売り切れや変更の場合もありますので、ご了承ください。●本書掲載の料金は消費税込みの料金ですが、変更されることがありますので、ご利用の際はご注意ください。入園料などで特記のないものは大人料金です。●定休日は、年末年始・お盆休み・ゴールデンウィークを省略しています。●本書掲載の利用時間は、特記以外原則として開店（館）～閉店（館）です。オーダーストップや入店（館）時間は通常閉店（館）時刻の30分～1時間前ですのでご注意ください。●本書掲載の交通表記における所要時間はあくまでも目安ですのでご注意ください。●本書掲載の宿泊料金は、原則としてシングル・ツインは1室あたりの室料です。1泊2食、1泊朝食、素泊に関しては、1室2名で宿泊した場合の1名料金です。料金は消費税、サービス料込みで掲載しています。季節や人数によって変動しますので、お気をつけください。●本誌掲載の温泉の泉質・効能等は、各施設からの回答をもとに原稿を作成しています。

本書の取材・執筆にあたり、
ご協力いただきました関係各位に厚くお礼申し上げます。

おでかけ情報満載　https://rurubu.jp/andmore/

233241　280410
ISBN978-4-533-15501-7　C2026

2307